사원이 행복한 기업 포스코플랜텍

사람, 일, 꿈

사원이 행복한 기업
포스코플랜텍

사람/일/꿈

초판	2018년 4월 16일
발행인	유시춘
저자	이헌건
디자인	구정남
교정	김세라
제작	㈜타라티피에스

펴낸곳	도서출판 바른기록
출판등록	2013년 4월 26일
주소	서울시 은평구 통일로 684 서울혁신파크 1동 303-B호
홈페이지	www.mylifestory.kr
전화번호	070-8770-5100
ISBN	979-11-950895-6-7 03320
가격	15,000원

* 이 책의 내용은 저작권법의 보호를 받는 저작물이므로 무단전재와 복제를 금합니다.
(CIP제어번호: CIP2018010003)

사원이 행복한 기업 포스코플랜텍

사람/일/꿈

이헌건 지음

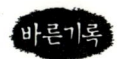

차례

프롤로그
2018년, 마른 잎 다시 살아나… ……… 013

제1부
비를 품은 구름

\# EPC 회사로 전환합시다 ……… 031
\# 합병 Before & After ……… 039
\# 천당에서 지옥으로 ……… 047
\# 엎친 데 덮친 중동발 모래폭풍 ……… 051
\# 2,900억 원 지원 막전 막후 ……… 058
\# 2014, 잔인한 봄, 우울한 겨울 ……… 065
\# 달콤한 독약, 국내외 프로젝트들 ……… 069

- 태국 사뭇사콘시 생활폐기물 재처리 사업 ……… 072
- 대만 타이페이항 이송설비 프로젝트 ……… 076
- 인도네시아 팜(palm) 농장 개발 프로젝트(CPO Mill PJT) ……… 079
- 인천공항 3단계 수하물 처리 프로젝트 ……… 086
- 남원 생활폐기물 가스화 발전시설 실용화 연구사업 ……… 090
- 광양제철소 원료하역설비 10호기 프로젝트 ……… 096
- 알제리 Kais 저장탱크 불량자재 납품 ……… 100

사원이 행복한 기업
포스코플랜텍

사람/일/꿈

제2부
가슴에 돋는 칼로 슬픔을 자르고

\# 워라언, 워라밸, 워라인 111
\# 직장인도 행복할 수 있다? 없다? 117
\# 젊은이처럼, 전문가처럼, 한 가족처럼 124
\# 배우고 때때로 익히면 또한 기쁘지 아니한가 131
\# 행복경영을 시작하면서… 141
\# 더불어 즐거운 회사 148
\# 행복캠프 그리고 시멘트와 콘크리트 153
\# 제대로 쉬고 와서 제대로 일합시다 158
\# 이별에 대처하는 우리의 자세 164
\# 아무도 미워하지 않는 자의 죽음 172
\# 무너진 대마불패의 신화 177

차례

제3부
함께 가자 우리 이 길을

\# 팔 것이냐 살릴 것이냐 그것이 문제로다 191
\# 포스코의 약속, 플랜텍의 약속 195
\# 용광로보다 뜨거운 열정 199
\# 우리 이대로 괜찮은 건가요? 206
\# 함께 가자 우리 이 길을 216

에필로그
플랜텍의 욕심 혹은 꿈 225

후기
양질전환과 비등점 232

연혁 / 수상실적 235

추천사
낡은 틀을 깨는 '망치'로 지속가능한 성장을 담보하라 242
고난을 발판삼아 성장하는 기업 244
실패를 교훈 삼아 더 나은 미래로 나아가기를 245
건강한 회사의 바탕은 구성원들의 '행복' 246
눈을 뚫고 다시 솟는 꿈 247
운명을 견디고 이겨나가는 게 삶인 것처럼… 248

얼굴이 계속 햇빛을 향하도록 하라, 그러면 당신의 그림자를 볼 수 없다.
- 헬렌 켈러

프롤로그
———

2018년,
마른 잎 다시 살아나…

프롤로그 2018년, 마른 잎 다시 살아나…

프롤로그 2018년, 마른 잎 다시 살아나…

얼굴이 계속 햇빛을 향하도록 하라. 그러면 당신의 그림자를 볼 수 없다.
- 헬렌 켈러

살아남은 자의 슬픔

"친애하는 포스코플랜텍 임직원 여러분!"

2017년 6월, 포스코플랜텍의 사내 블로그에 올린 조청명 사장의 취임 2주년 기념사의 첫머리다. 기념사나 축사 등에서 흔히 볼 수 있는 시작이다. 하지만 플랜텍의 내부 사정을 조금 안다면, 흔하디흔한 이 첫머리 글 속에 얼마나 많은 고뇌와 아픔이 숨어 있는지 느낄 수 있을 것이다.

2015년 봄. 포스코플랜텍은 채권단에게 이른바 '경영정상화 사업계획서'를 제출했다. 워크아웃의 본격적인 시작을 알리는 신호탄이었다. 그리고 조청명 사장을 비롯한 포스코 본사 임원진이 플랜텍으로 투입되었다.

그로부터 2년. 1,200여 명을 헤아리던 전체 인원 가운데 남은 인원은 이제 450여 명. 절반 이상이 자의반 타의반으로 회사를 떠났지만 완전한 회생과는 여전히 거리가 있다.

떠난 사람들의 모습이 눈에 아리도록 밟히지만, 남은 사람들이라고 해서 편안하고 행복한 것만은 아니다. '인력 감축 대상'에 이름을 올리지 않은 것을 안도하는 것도 잠시, 떠난 사람들에 대한 부채의식과 함께 어떻게든 회사를 살려야 한다는 무거운 책임감을 떠안게 되기 때문이다. 어쩔 수 없이 떠나는 자와 남는 자로 나뉘는 아픔을 독일의 극작가이자 시인인 베르톨트 브레히트는 '살아남은 자의 슬픔'이라 표현했다.

모기업인 포스코는 워크아웃을 신청하기 직전인 2014년 말에 2,900억 원이라는 거액을 플랜텍의 회생을 위해 내놓았다. 포스코 내에서의 논란은 다소 있었지만, 상당한 금액의 증자가 이뤄지면서 본사는 물론 채권단까지 플랜텍의 회생을 믿어 의심치 않았다. 하지만 착각이었다. 아니 계산 착오였다. 2013년에 합병을 단행한 성진지오텍 전정도 전 회장의 이란 미수금 횡령 사건이 불거지면서 플랜텍은 신용등급 강등, 채권단의 차입금 만기연장 거부 등 본격적인 유동성 위기에 접어들었고, 그야말로 사면초가의 위기에 빠지고 말았다.

회사가 통째로 무너질지도 모른다는 위기 앞에서 직원들은 모든 희망을 잃은 상태였다. 앞이 보이지 않는 캄캄한 어둠 속에 있는 듯 불안한 그림자가 회사 안을 떠돌았다.

문제는 불안감뿐이 아니었다. 서로에 대한 불신과 원망도 팽배했다. 회사가 이 지경에까지 오게 된 '원흉'으로 꼽히던 성진지오텍 출신 직원들에 대한 원망이 사내에 가득했고, 회사를 이 지경에까지 오게 만든 경영진과 모사인 포스코에 대한 불만과 불신도 컸다. 성공적인 워크아웃 졸업을 위해 긴급 투입된 조청명 사장이 취임 일성으로 "남의 탓 하지 말고 우리 실력으로 바르게 일하고 자부심을 회복하자."를 내세운 이유도 이런 불신과 불만을 잠재우지 않고는 한 발도 앞으로 나갈 수 없다는 것을 알고 있었기 때문이다.

5대 전략 방향 'FRUIT'으로 3년 내 위기 탈출 목표

문제를 해결하기 위해서는 원인을 먼저 찾아야 한다. 위기의 포스코플랜텍을 맡게 된 새로운 경영진은 문제의 원인을 세 가지 방향으로 정리하였다. 즉 '전략'과 '관리역량', '조직문화'가 EPC 회사에 걸맞지 않았기 때문에 회사가 위기에 처한 것으로 진단한 것이다. 그리고 3년 내 경영정상화를 목표로 5대 전략 방향을 제시했다. 5대 전략은 위기를 극복하고 새로운 과실을 수확하자는 의미를 담아 'FRUIT'으로 이름을 붙였다.

FRUIT는 ① Financial Stabilization(재무안정화) ② Biz Restructuring(사업구조조정) ③ Undercutting Costs(획기적 원가절감) ④ Innovation of Process(업무 프로세스 혁신) ⑤ Turnaround Leadership(변화리더십 고양)이었다.

그리고 2015년 9월, 포스코의 사업물량 지원 약속을 바탕으로 채권단과 '경영정상화 이행약정' 즉 워크아웃 협정을 맺고 차입금 상환을 2019년 이후로 유예하는 한편, 워크아웃 졸업을 위한 경영목표 및 자구계획을 수립하였다.

이 계획에 따라 포스코플랜텍은 지난 2년여 동안 비핵심사업을 중단하고 부실 프로젝트를 정리했으며 비핵심자산 매각·희망퇴직·임직원 급여 및 비용 삭감·핵심가치 설정 및 Action 321(일 3감사, 주 2회 학습, 월 1권 독서)을 통한 조직문화 개선 등 다양한 노력을 추진했다.

이를 조금 더 구체적으로 정리해 보면 대략 다음과 같다.

① 재무적으로 순차입금 규모가 증자 전 6,400억 원에서 3,000억 원 수준으로 감소했다. 2014년 말 포스코로부터 받은 증자 2,900억 원을 감안하더라도 캐시플로가 플러스로 돌아섰다.

② 사업 측면에서는 포항 3고로 3차 고로 개수 사업, 광양의 7CGL 사업 등 이전에

경험하지 못했던 대형 프로젝트를 문제없이 수행함으로써 향후 유사한 사업을 추진, 수행할 역량을 축적했을 뿐만 아니라, 모사의 투자비 절감에도 기여했다.

③ 이런 성과를 바탕으로 조직문화 측면에서도 사원들의 책임감과 자부심, 자신감이 높아졌으며 EPC 업체로서의 역량강화를 위한 끊임없는 학습과 개선 노력도 지속적으로 이어지고 있다.

중단 없는 전진, 허를 찌르는 속도로 워크아웃 탈출

사실 우리나라에서 명멸했던 기업들의 역사를 따라가 보면, '워크아웃' 기업이 약속된 기간 내에 채무 관계를 정리하고 경영을 정상화한 다음 재상장까지 한 사례는 거의 찾아보기 힘들다. 어떤 기업이든 뼈를 깎는 노력을 해 왔지만, 그 마지막은 대체로 행복하지 못했다.

그런 점에서 포스코플랜텍의 미래를 장밋빛으로 보는 사람은 그리 많지 않다. 그럼에도 불구하고 조청명 사장은 3년 이내 워크아웃 졸업을 임직원들에게 약속했고, 경영 지표를 살펴보면 상당 부분 근접해가고 있기도 하다. 그 자신감과 힘은 어디서 나오는 것일까? 지금의 추세가 앞으로도 계속 이어질 수 있을까?

위기를 벗어나는 방법은 여러 가지가 있겠지만, 한 가지 확실한 것은 '일상적인' 혹은 '누구나 예상 가능한' 방법은 통하지 않는다는 것이다. 만일 그런 것이 통했다면 워크아웃을 탈출하지 못할 기업은 없을 것이기 때문이다. 이는 곧 누구도 예상할 수 없는 특별한 방법이 있어야만 한다는 얘기이기도 하다.

중국의 변방 민족에 불과했던 몽골족이 먼 유럽 지역까지 제패한 힘은 역사가와 병법전문가, 경영 구루들의 흥미로운 연구과제였다. 그 가운데 특히 주목을 받았던 것은 상상을 초월하는 놀라운 진격 속도였다.

전통적인 기마민족으로서 말을 잘 타는 것은 물론, 몽골군은 분유와 수수가루 그리고 육포를 말안장 밑에 넣은 채 이동하면서 그대로 말 위에서 식사를 하곤 했다. 속칭 '징기스칸'이라 불리는 요리법이 바로 몽골군이 말린 고기를 뜨거운 물에 불려서 먹던 데서 유래한 것이다. 나폴레옹이 전 유럽을 제패할 수 있었던 힘 가운데 하나가 '병조림' 발명으로 군수품 문제를 해결한 덕분이었다는 것은 이미 널리 알려져 있다.

여기에다 한 술 더 떠서 몽골군은 말을 2~3마리씩 한꺼번에 몰고 다니면서 번갈아 탐으로써 24시간 내내 똑같은 속도로 진격을 할 수 있었다. 우리나라의 옛 역참과 같은 시스템을 기병들이 스스로 갖추고 다녔던 셈이다.

몽골군이 자신들의 장점을 창조적으로 극대화했듯이, 포스코플랜텍에도 그런 비밀병기가 있을까? 있다. 그것은 바로 '모사'로 불리는 포스코의 존재다.

포스코플랜텍은 이름에서 알 수 있듯 포스코 그룹의 자회사였고, 지금도 크고 작은 연으로 맺어져 있는 한 가족이다. 플랜텍을 독립시킨 것도 포스코였고, 성진지오텍과의 합병을 결정한 것도 포스코였고, 플랜텍이 위기에 처했을 때 2,900억 원의 증자를 해준 것도 포스코였다. 말하자면 플랜텍은 세계적인 우량기업 포스코의 '아픈 손가락'인 셈이다.

하지만 어린애가 젖 달라고 하듯 무작정 지원을 요구할 수는 없는 일이다. 스스로 포스코 그룹에 꼭 필요한 기업이 되도록 기술과 역량 발전을 꾀하고, 이런 바탕 위에서 수준에 맞는 '일감'을 받을 수 있도록 해야 한다. 오랫동안 함께 일을 해 왔고 포스코의 업무에도 익숙하지만 외부 기업들도 충분히 따라 할 수 있는 업무 역량이라면 포스코 역시 굳이 플랜텍의 손을 들어줄 필요가 없을 것이다. 그런 점을 포스코플랜텍의 현 경영진은 잘 알고 있다. 그리고 몽골 기병과 같이 워크아웃 탈출을 위해 허를 찌르는 속도로 중단 없는 전진을 해나가기 위해서는 과연 어떤 협업이 필요할까를 늘 고민하고 있다.

여기서 잠시 조청명 사장의 2주년 기념사의 일부를 다시 한번 살펴보자. '모사' 포스코의 협조에 앞서 플랜텍 임직원들의 분발이 필요하다는 다짐이다.

"플랜텍이 포스코그룹에 반드시 필요한 '회사다운 회사'가 되도록 함께 더 열심히 노력합시다. 우선 플랜텍은 제철소 안정조업에 필수적인 셧다운 기간 중 집중적인 정비성 투자사업에 특화된 회사로 실력을 제대로 인정받아야 합니다. 과거 정비회사 때부터 30년 이상 쌓인 경험으로 제철소 정비부서에 밀착 대응하여 연 1,000억 원 정도의 정비성 투자사업을 무난하게 수행할 수 있도록 역량을 강화해야 합니다. 그러기 위한 학습에 모두 스스로 죽을 각오로 나서야 합니다. 우리 회사를 지키고, 여러분의 일자리를 지키는 것은 바로 우리의 실력뿐입니다. 우리의 열정, 지식, 창의가 우리 사업의 원천이라고 거듭 강조하고 싶습니다."

'도움을 받는 회사'에서 '도움을 주는 회사'로

2017년 중반까지의 사업실적과 포스코 LOC 물량 수주현황을 살펴보면 조 사장의 다짐이 어째서 필요한지를 잘 알 수 있다.

2015~2017년 LOC 계획 대비 누적 실적은 64.6%에 불과했다. 하지만 포스코에서 플랜텍이 특화된 경쟁력을 가지고 있는 사업 분야를 중심으로 LOC 물량을 발주해주기로 합의한 바 있기 때문에 85% 이상 달성할 수 있을 것으로 기대하고 있다. 그러나 워크아웃 개시 이후 외부거래처에 대한 수주가 제한됨으로써 나머지 물량을 채우는 것은 쉽지 않은 일이다. 실제로 2017년 1/4분기의 경우 약 93%가 포스코 본사 물량이었다.

이로써 포스코는 플랜텍의 생존에 없어서는 안 될 절대적인 존재라는 걸 다시 한번 확인할 수 있다. 하지만 워크아웃을 졸업하고 독자 생존하기 위해

서는 언제고 극복해야 할 대상이기도 하다. 따라서 제한적이기는 하지만 포스코 이외의 수주 물량을 확보할 수 있도록 기술을 개발하고 수주처도 다원화할 수 있도록 미리 준비를 갖추는 것이 큰 숙제일 수밖에 없다.

최근 포스코플랜텍은 고로 개수, CGL 등 대형 합리화 투자 사업에서 포스코와 역할을 잘 분담하여 성공적으로 수행했다. 기술적으로 미숙한 점이 많았고 경험도 적었지만 성공적으로 사업을 마무리하면서 플랜텍은 훌쩍 성장할 수 있었다. 이런 경험들을 바탕으로 역량을 지속적으로 발전시켜 앞으로도 계속 포스코 패밀리사가 EPC 턴키로 수행하는 대형사업에 참여할 예정이다.

그런 한편, 30년 이상 축적된 제철 설비 유지보수 역량을 활용할 수 있는 신사업을 적극적으로 개발하고, 그룹의 일부 취약한 해외 제철설비의 유지보수에 참여하거나 특화되어 있는 석탄물류설비의 유지보수에 기여할 수 있는 방안도 검토하고 있다.

이런 과정들이 하나씩 쌓여 나가면서 플랜텍은 앞으로 '도움을 받는 회사'에서 '도움을 주는 회사'로 탈바꿈해 나갈 수 있을 것이다.

계속기업가치와 청산가치 사이에 놓인 플랜텍의 미래

물론 포스코의 LOC 물량이 예정대로 주어지고 새로운 물량을 확보한다 해도 플랜텍의 미래가 마냥 밝은 것은 아니다. 문제는 경영 정상화가 일정 부분 이뤄지고 영업이익이 예상만큼 발생해도 1,500억 원에 달하는 자본잠식을 해결할 길이 아직 요원하다는 것이다.

이를 계속기업가치와 청산가치로 나눠서 보면 좀 더 명확해진다.

지난 2017년 1분기 채권단 실사 결과, 포스코플랜텍의 청산가치가 계속기업가치보다 약 700억 원 높았다. 한마디로 채권단의 입장에서는 플랜텍을 계속 유지하는 것보다 지금 당장 문을 닫고 빚잔치를 하는 것이 이익이라는 얘기다. 그리고 당분간 이 차이가 크게 좁혀질 가능성은 높지 않다.

물론 채권단의 입장에서 숫자만 보고 플랜텍을 매각할 가능성은 그리 높지 않다. 정책적 실패로 인해 상당한 손실을 겪긴 했지만 모사인 포스코와의 협력을 통해 영업이익을 실현하고 있고, 워크아웃 탈출을 위한 각종 약속도 잘 지켜나가고 있기 때문이다. 포스코의 입장에서도 비록 '아픈 손가락'이지만 잘라낼 수는 없는 상황이다.

이 상황에서 필요한 것은 채권단과 포스코, 플랜텍 삼자가 모두 '윈-윈'할

수 있는 전략적 선택지를 찾아내는 것이다. 심지어 그 방법까지 삼자가 모두 알고 있다. 그것은 바로 재무구조 개선, 즉 대주주인 포스코의 증자, 채권단의 출자전환 그리고 이어지는 플랜텍의 재상장 등의 시나리오다. 물론 하나하나 따져보아야 할 조건들이 많지만, 이 길이 워크아웃을 끝내는 유일한 회생의 길이라면, 몽골 기병처럼 전격적으로, 중단 없이 추진해 나가야 할 것이다. 이것이 바로 현 임원진에 맡겨진 지상 과제인 셈이다.

2017년의 경영실적을 살펴보면 실제로 이러한 '지상 과제'는 이미 가시권에 들어온 것으로 보인다.

매출액은 본래 계획되었던 3,781억 원보다 다소 모자라는 3,769억 원이었지만, 계획되지 않았던 신규 수주의 증가에 따라 영업이익은 계획 대비 217억 원을 초과한 410억 원을 달성했다. 이에 따라 순이익 247억 원을 달성했고, 영업현금흐름도 340억 원을 초과한 458억 원을 달성했다.

이와 같은 '돈'의 흐름보다 더욱 분명한 것은 플랜텍이라는 나무에 서서히 물이 오르고 있다는 사실이다. 겨울이 깊을수록 봄이 가깝다고 하지 않던가.

물론 2018년 봄을 맞이하는 대한민국의 경제 기상도는 여전히 '안갯속'이다. 플랜텍 역시 봄을 노래하기에는 아직 이르다. 하지만 오히려 그런 점 때문에 플랜텍이 겪었던 것과 같은 과정을 넘기고 있는 수많은 기업들에게 시사하는 점은 더 크다.

국내외 사례를 살펴보면, 사형선고나 다름없는 워크아웃을 졸업하고 잘나가는 기업들이 없지 않다. 하지만 지금 당장 워크아웃을 코앞에 두고 있거나 겪고 있는 기업의 입장에서는 '솔방울로 수류탄을 만드는' 전설 같은 무용담은 큰 도움이 되지 못한다. 그보다는 긴 터널을 한 발 정도 앞서서 막 빠져나가고 있는 플랜텍과 같은 '동병상련'의 경험이 훨씬 더 실제적인 도움이 될 것이다.

이제 막 터널 끝의 소실점을 향해 달려나가고 있는 플랜텍의 사례를 굳이 발굴해서 소개하는 이유다.

2018년 현재, 포스코플랜텍은 비록 '전설'의 반열에 올라서지는 못했지만, 오히려 그 때문에 수많은 기업들을 위한 '희망의 증거'가 되고 있다.

욕망은 우리를 도달할 수 없는 곳으로 끌고 간다.
우리의 불행은 바로 거기에 있다. - 루소

제1부

―――

비를 품은 구름

제1부 비를 품은 구름

EPC 회사로 전환합시다

욕망은 우리를 도달할 수 없는 곳으로 끌고 간다. 우리의 불행은 바로 거기에 있다.
- 루소

2020년까지 매출 200조, 글로벌 100대 기업 달성

 1982년 포스코의 계열사 중 하나로 문을 열어 40년 가까이 포스코의 주요 투자사업을 수행하며 안정적인 경영을 해오던 포스코플랜텍이 2015년의 어느 가을날, 아무도 예상하지 못한 '워크아웃'까지 이르게 된 원인은 무엇일까?
 입장에 따라 그 원인을 보는 눈은 각각 다르겠지만, 찬찬히 당시 상황을 복기해보면서 '부득탐승'(不得貪勝)을 주원인으로 꼽는 사람이 적지 않다. 상황을 지나치게 낙관한 나머지 일종의 '덜컥수'를 두는 바람에 그만 형세를 그르쳤다는 이야기다.
 부득탐승은 바둑에 임하는 자세와 작전 요령을 정리한 위기십결(圍棋十訣)의 첫 번째 요결이다. 너무 승리에 집착하면 오히려 바둑을 그르칠 수 있다는 뜻이다. 위기십결은 그 내용이 자못 의미심장해서 천여 년이 훌쩍 지난 오늘날에도 바둑은 물론 일상생활에 적용해도 될 만큼 고준한 지혜를 담고 있다.

2011년 1월 3일. 정준양 포스코 회장은 포스코 포항 대회의장에서 열린 시무식에서 '포스코 패밀리 2020 비전'을 발표했다. 2020년까지 '철강'과 소재, '에너지' 등의 3대 핵심사업을 중심으로 연 매출 200조 원을 달성하고 글로벌 100대 기업에 이름을 올리겠다는 원대한 목표였다. 이미 포스코는 2010년 기준 매출 60조 원으로 미국 포춘지가 선정한 세계 161위 기업의 반열에 올랐던 터라 누구도 새로운 비전에 토를 달지 않았다. 또한 비전 2020은 계열사, 이른바 패밀리들까지 고무시켰다. '포스코 패밀리 2020 비전'이라는 목표는 패밀리들과 함께해야만 달성할 수 있는 것이기 때문이었다.

조남준 전 월간조선 이사는 당시 포스코의 시무식과 비전 2020의 내용을 다음과 같이 전했다.

정 회장은 "올해는 비전 2020을 향한 10년을 시작하는 첫해로, 향후 자본생산성 시대, 노동생산성 시대를 지나 지식생산성 시대로 진화할 것이므로 이를 위해 △혁신적 지식근로자 양성 △경쟁력 강화 △윤리경영 및 상생협력 강화 △경영의 스마트화를 적극 추진하겠다."고 설명했다.
포스코는 윤리경영을 전 패밀리사로 확대하고, 중소기업 동반 성장, 저탄소 녹색성장 등 기업의 사회적 책임도 적극 수행해 나가는 한편, 일하는 방식의 혁신, 저비용 고효율 생산시스템 구축, 초일류 품질구현 등 비전 2020에 맞는 미래형 경영시스템을 완성해 나갈 계획이라고 밝혔다.

비전 2020에 따른 매출액 200조 원은 철강을 중심으로 한 핵심 사업에서 120조 원, E&C · 에너지 · 화학 등 성장사업에서 60조 원, 녹색성장 및 해양사업 등 신수종 사업에서 20조 원 등으로 구성된다. 이를 위한 포스코 패밀리의 사업무대는 일관제 철소 건설과 하공정에 집중하게 될 동남아, 미주(美洲)에 이어 아프리카, 시베리아, 극지 등으로 확대된다.

밑줄 친 부분을 눈여겨보면 알 수 있듯이 포스코의 비전 2020은 패밀리사의 매출 신장이 전제된 것이고 그것은 또한 동남아와 미주지역뿐만 아니라 아프리카와 시베리아, 극지 등으로까지 확장된다는 의미이다. 이에 따라 포스코는 대우인터내셔널을 비롯한 몇 개의 기업을 인수했다. 훗날 포스코플랜텍과 합병을 하게 되는 성진지오텍도 이 시기에 포스코에 합병되었다.

포스코가 이처럼 국내외 기업 인수에 나선 또 다른 이유는 독특한 기업의 구조 때문이었다. 본래 포스코는 국영기업으로 출범했지만 민영화 과정에서 상당한 주식이 이미 외국인 주주들의 손에 넘어가 있는 상황. 매출 호조로 모인 사내보유금은 결국 시간이 지나면 외국인 주주들에게 배당이 될 수밖에 없었다. 이런 상황에서 포스코 경영진의 선택은 그 돈으로 국내 기업을 인수해서 성장시켜 나가자는 것이었다. 매출 확대가 곧 국내 경제 발전에도 기여할 수 있도록 하자는 이른바 '애국적인' 목표가 숨어 있었던 것이다.

포스코플랜텍으로 넘어온 '비전 2020'

이제 공은 패밀리사로 넘어왔다. 포스코플랜텍 역시 발 빠르게 움직였다.

당시 플랜텍은 포스코와의 커뮤니케이션을 거쳐 2010년부터 제철 정비 전문회사의 이미지를 벗고 EPC 회사로의 전환을 준비하고 있는 참이었다. 비전 2020이 공식 발표되기 이전에 기본적인 틀을 만들고 있었던 셈이다. 비전 2020에 맞춰 1조 원이라는 구체적인 매출 목표도 이미 정해져 있었다.

잘 알려져 있는 대로 포스코플랜텍의 시작은 포스코의 제철 장비들을 정비하는 정비업체. 이름도 제철정비(주)였다. 그리고 2010년에 제철소 정비를 외주화하기 이전까지 포스코의 정비 사업을 독점적으로 맡아왔다. 국가기간산업이자 1급 보안시설인 포스코의 내부 정비를 함부로 외부 인력에 맡길 수 없는 특수한 상황이 만들어낸 독점 사업인 셈이었다.

포스코플랜텍이 새로 뛰어든 EPC 사업이란 대형 건설 프로젝트나 인프라 사업 계약을 따낸 사업자가 설계(engineering)와 조달(procurement), 시공(construction) 등을 원스톱으로 제공하는 것을 말한다.

EPC의 장점은 무엇보다 적은 인력으로 큰 매출과 이익을 올릴 수 있다는 것. 반면에 기존의 제철 정비는 수많은 인력이 필요한 데 비해 매출과 이익이 별로 크지 않았다. 게다가 포스코 이외의 물량을 받을 수 없기 때문에 매출이 한정적일 수밖에 없었다. 조금 거칠게 표현하자면 안정적인 대신 '밥이나 먹고 사는' 수준이었던 셈이다. 그런 점에서 EPC는 아주 매력적인 사업 분야였다. 하지만 그만큼 리스크가 큰 사업이기도 하다. 규모가 큰 만큼 자칫 문제가 터지면 회사 전체가 휘청거릴 정도로 충격이 클 수밖에 없기 때문이다.

이런 위험에도 불구하고 플랜텍이 EPC에 뛰어든 것은 경영진의 자체적인 판단도 중요했겠지만, 결국 포스코의 비전 2020과의 연계를 말하지 않고는 설명할 수 없다.

실제로 그룹 차원에서도 플랜텍의 몸집 키우기 사업을 전폭적으로 지원해주기 시작했다. 이탈리아 태양광 사업, 태국 생활폐기물 재처리 사업, 대만 타이페이항 설비 사업, 남원 생활폐기물 발전시설, 인천공항 수하물처리 시스템 등 대부분의 국내외 프로젝트들이 이 시기에 추진되기 시작했고, 계약을 맺기 시작했다.

문제는 당시까지만 해도 EPC 사업 실적은 물론 관련 전문가가 사내에 거의 전무했다는 것이다. 경영진은 물론 실무진도 대부분 '일하면서 배우는' 수준이었다. 말하자면 아직 걸을 준비도 안 됐는데 길고긴 마라톤 대회에 뛰어든 것이나 마찬가지였다. 덕분에 당시 첫 삽을 뜬 대부분의 사업이 오래지 않아 큰 손해를 보고 사업을 접거나 배상·보상을 해야만 했다.

게다가 포스코건설과의 교통정리도 문제였다. 이미 EPC로 자리를 잡고 있는 포스코건설과 여러 가지 면에서 사업 영역이 겹치기 때문이었다. 물론 '큰 일'은 포스코건설이 맡고 '작은 일'은 플랜텍이 맡는다는 기초적인 차원의 양해는 있었지만, 포스코건설의 상황이 악화될 경우 큰 일, 작은 일을 가려서 할 것이라는 보장은 아무도 해줄 수 없는 것이다.

게다가 문제는 내부에만 있는 것이 아니었다. 당시 포스코의 매출 신장은 세계 경제가 어느 정도 호황에 접어들고, 국내 경기도 그다지 나쁘지 않았던 덕분이다. 특히 2010년에는 'G20 서울정상회담'을 치르는 등 대내외적으로 신인도가 높아졌고, 경제적으로도 어느 정도 안정이 되었다. 하지만 파티 분위기는 그리 오래가지 않았다. 2013년 무렵, 대부분의 포스코플랜텍 해외 사업이 막 첫 삽을 뜨던 시기에 세계 경제는 유로존 재정위기, 이란 유가 급등, 중국 경착륙, 보호무역과 환율전쟁, 미국 재정절벽 등의 리스크로 인해 현상유지도 쉽지 않은 상황이었다. 이에 따라 한국의 경제 성장 역시 겨우 마이너스를 면할 정도였다.

그야말로 엎친 데 덮친 격이 아닐 수 없었다. 부족한 역량으로 따낸 대부분의 사업들이 세계적인 경기 침체까지 맞물리면서 포스코플랜텍의 EPC 사업체 전환은 시작부터 난관에 부닥쳤고, 결국 워크아웃을 신청할 수밖에 없는 주요인 중 하나가 되고 말았다.

실제로 2013년까지 플랜텍의 매출과 영업 이익은 롤러코스트를 타듯이 오르내리면서 전반적으로 상당히 악화되고 있는 상황이었다. 포스코가 최대의 실적으로 세계 경제의 주목을 받았던 2010년에는 플랜텍 역시 영업이익 144억 원으로 최대를 찍었지만, 그 다음해에는 곧바로 마이너스 222억 원을 기록했고, 2012년에 잠시 66억 원으로 한숨을 돌렸지만, 2013년에는 오히려 마이너스 630억 원이라는 큰 부진에 빠지고 말았다. 뭔가 특단의 조치가 필요한 상황이었다.

환골탈태, 갑각류의 가장 약한 고리

사람이나 기업이 지금까지와는 전혀 다른 모습으로 방향 전환을 시도할 때 흔히 환골탈태(換骨奪胎)라는 표현을 쓰곤 한다. 본래 뼈대를 바꾸어 끼고 태를 바꾸어 쓴다는 뜻으로 전면적인 변화를 나타내는 말이다.

생물계에서 환골탈태의 전형적인 모습을 볼 수 있는 것이 바로 갑각류다. 게나 새우 등 갑각류의 단단한 겉껍질은 생존을 위한 방어에는 탁월하지만 성장에는 큰 방해가 된다. 단단한 껍질 때문에 몸이 더 자랄 수가 없기 때문이다. 하지만 신비한 자연의 세계는 여기에서도 나름의 독특한 해법을 준비해 두고 있다. 그것은 바로 단단한 껍데기를 아예 벗어버린 상태에서 말랑말랑한 몸을 키운 다음 새로운 껍데기를 만들어내는 것이다. 그야말로 '뼈대를 바꾸어 끼고 태를 바꾸는' 진정한 의미의 환골탈태라 할 수 있다.

그런데 이처럼 신비한 비법도 약점이 하나 있다. 껍데기를 벗어버린 '말랑말랑한 상태에서는 천적을 막아낼 도리가 없는 것이다. 그래서 겉껍질이 다시 단단해질 때까지의 일정 기간은 어쩔 수 없이 거의 무방비 상태에 노출이 되고, 상당수의 갑각류들이 천적의 먹잇감으로 사라지고 만다.

포스코플랜텍의 변신은, 비록 외부적인 요인이 적지 않았지만, 기업의 미래를 볼 때 분명 타당한 선택이었다. 포스코라는 단단한 외피에 둘러싸인 채 현실에 안주하면 당장은 먹고 사는 데 지장이 없을지 몰라도 '성장'을 할 수가 없게 된다. 기업의 생리상 발전과 성장이 없다는 것은 자전거의 페달을 밟지 않는 것과 마찬가지다. 한동안은 관성의 힘으로 전진을 하겠지만 결국 멈추거나 쓰러지게 된다.

포스코플랜텍에 주어진 워크아웃은 말하자면 미처 단단한 껍데기를 만들지 못한 무방비의 상태에서 들이닥친 적의 공격에 당한 것과 비슷하다고 할 수 있다. 불행 중 다행인 것은 그나마 포스코라는 껍데기를 완전히 벗어던지지 않은 상태였다는 점이다.

많이 식상한 표현이기는 하지만 '위기는 기회'다. 일반 기업에게 워크아웃은 거의 사형선고나 다름이 없지만 플랜텍에게는 아직 기회가 남아 있다. 문제는 얼마나 빨리 본래의 껍데기를 대체할, 더욱 크고 단단한 껍데기를 만들어내느냐에 달려 있다.

위기 상황 속에서 플랜텍 직원의 일부는 '차라리 예전으로 돌아가는 게 낫겠다'는 주장을 하기도 한다. 그래도 포스코의 그늘 아래에서 안정적인 일감을 받는 게 낫지 않느냐는 것이다.

물론 경영진을 비롯한 대다수의 임직원들은 묵묵히 앞을 보고 나아가고 있다. 선진 기술이 아니라 단순 노동으로 인건비나 벌어들이는 수준의 회사로 다시 돌아간다는 것은 경쟁사회에서 도태되는 지름길일 뿐만 아니라 모사인 포스코에서도 받아줄 이유가 없기 때문이다.

이미 주사위는 던져졌다. 환골탈태의 첫 시도는 불행히도 성공을 거두지 못했지만, 플랜텍은 워크아웃 상황에서도 끊임없이 단단한 껍데기를 만들어내기 위해 노력하고 있다. 그것이 바로 워크아웃 조기졸업과 재상장으로 이어지는 단 하나의 길이라는 걸 잘 알고 있기 때문이다.

합병 Before & After

마른 빵조각을 먹으며 화목하게 지내는 것이,
진수성찬을 가득 차린 집에서 다투며 사는 것보다 낫다.
- 잠언 17장 1절

왜 슬픈 예감은 틀린 적이 없나

　포스코의 '비전 2020'에 발맞춰 시작된 플랜텍의 환골탈태, 즉 몸집 불리기는 성진지오텍과의 합병으로 그 정점을 찍었다. 2010년에 이미 포스코의 그룹사가 된 성진은 당시 임직원 약 700여 명에 매출 규모 5,000억 원으로 플랜텍과 비슷했다. 이로써 합병 이후의 포스코플랜텍은 종업원 1,200여 명으로 두 배 이상 규모가 커지면서 연 매출 1조 원을 기대하게 되었다.
　1989년 성진기계주식회사로 출범한 이력에 걸맞게 성진지오텍은 주로 화공기자재 및 에너지 모듈설비 제작 쪽에 특장점이 있었다. 그리고 길지 않은 연혁에도 불구하고 2001년에 오천만불 수출의 탑 수상을 시작으로 2006년에는 일억불 수출의 탑 수상 그리고 포스코와 합병 직전인 2009년에는 사억불 수출의 탑을 수상했을 정도로 해외 시장 개척에 큰 성과를 나타내고 있었다. EPC 기업으로 변신을 선언한 플랜텍의 입장에서는 해외 시장을 뚫고 나갈 적임자였던 셈이다. 다만 성진 역시 EPC 분야에서는 별다른 역량이나 경험을 갖추지 못했다는 점이 적지 않은 아쉬움이었다. 이런 점 때문에 포스코의 주선 아래 이뤄진 플랜텍과 성진의 합병은, 양쪽 모두 '윈-윈'할 수 있을 것이라는 기대와 함께 우려의 시선도 없지 않았다.

그런데 왜 슬픈 예감은 틀리지 않는 것일까. 안타깝게도 성진지오텍과의 합병은 기대했던 시너지 효과 대신 일각의 우려대로 플랜텍 전체의 실적 부진으로 나타났고, 결국 워크아웃에 접어들 수밖에 없는 결정적 원인이 되었다.

여기서 잠시 성공적인 M&A를 성사시키는 원칙을 살펴보자.

상거래 촉진을 위한 혁신적 제품과 솔루션을 제공하는 세계적인 기술업체 피트니 보우스(Pitney Bowes)사는 또한 적극적이고 성공적인 M&A로도 유명하다. 21세기 초반에는 수십여 건의 M&A를 성공적으로 완료했다. 그 비결로 꼽히는 것이 바로 〈피트니 보우스의 M&A 5대 원칙〉이다.

1. 기존 경영 노하우를 활용할 수 있는 인접사업으로의 확장성.
2. 여러 건의 소규모 M&A로 위험 분산과 안정적 현금흐름 유지.
3. 각 부서의 책임자나 임원이 참여, 계획 대비 성과를 평가에 반영.
4. 인수 직후 흑자, 3년 내에 자본수익률 10% 달성.
5. 부실한 사업을 보완하기 위한 M&A 지양.

언뜻 봐도 알겠지만, 1번과 4번 항목은 플랜텍과 성진의 합병에 해당되는 내용이라 할 수 없다. 그리고 마지막 5번 항목의 경우를 보면 사실상 플랜텍은 '지양'해야 할 것을 '지향'한 것으로 볼 수밖에 없는 상황이었다. 이 때문에 플랜텍과 성진의 합병이 미래를 위한 전략이나 엄밀한 평가에 의한 것이 아니라 '정치적인' 이유 때문에 성사된 것이 아닌가 하는 의구심을 나타내는 사람들이 적지 않았다.

물론 성진과의 합병이 실적 부진의 모든 원인일 수는 없다. 합병 이전에 EPC 중심으로 주력 사업을 전환하면서 추진했던 해외 수주 물량들이 거의 대부분 실패함으로써 상당 부분의 손실을 가져왔던 것도 적지 않은 충격이었다. EPC만의 특화된 기술이 없는 상태에서 수주액 자체도 지나치게 낮게 책정되었던 데다 애초 계약대로 공사를 제때 해내지 못하면서 나타나는 손실도 컸다. 게다가 신규 수주도 기대할 수 없는 상황이었다. 오히려 손실액만 더 키울 가능성이 높았기 때문이다.

문제는 두 배로 불어난 덩치였다. 성진이나 플랜텍이 별도의 기업으로 있을 때는 별 문제가 되지 않았던 일들이 합병을 하면서 오히려 큰 부담이 되기 시작한 것이다. 흔히 '규모의 경제'라고도 하고 '대마불사'라고도 하는 전략이 이쪽도 저쪽도 힘을 쓰지 못하는 상황에서는 오히려 빠른 행보에 방해만 되었던 것이다.

고참 직원들은 당시 상황에 대해 매우 비판적이다. 미래를 본 전략적인 판단이 아니라 외부의 입김이 포스코를 움직여 부실기업을 인수했고, 그것을 플랜텍에 떠넘겼다고 보는 것이다. 심지어 일부에서는 '부실을 덮기 위해 더 큰 부실을 초래했다'는 비난까지 하고 있다.

횡보 혹은 퇴보

당시 매출 상황을 보면 두 기업의 합병이 애초 기대했던 미래로의 전진이 아니라 옆걸음 혹은 퇴보에 가까웠던 것을 잘 알 수 있다.

합병 이전인 2012년의 매출은 두 회사를 합칠 경우 약 1조 2,200억 원. 그런데 합병이 이뤄진 2013년에는 7,600억 원 정도로 낮아졌고, 그 이듬해인 2014년에는 6,200억 원 정도로 계속 감소하였다. 엔지니어링 사업 분야만 보면 2012년 0원에서 2013년 약 2,300억 원, 2014년 3,900억 원으로 성장했지만, 전체적인 매출의 후퇴를 막을 수 있을 정도는 아니었다.

매출과 영업이익, 순이익의 흐름을 살펴보면 합병이 큰 도움이 되지 못했던 것을 알 수 있다.

(단위: 억 원)

구분	'10년		'11년		'12년		'13년	'14년	'15년	'16년
	성진	플랜텍	성진	플랜텍	성진	플랜텍				
매출	3959	4395	6328	5975	7032	5232	7615	6234	4577	3602
영업이익	166	149	-230	95	112	5	-647	-1891	-1273	100
순이익	-115	124	-592	68	-292	21	-1035	-2797	-3474	-447

반면에 전체 종업원 수는 2012년 696명에서 합병과 함께 2013년에 1,233명으로 크게 늘었고, 2014년에도 1,112명으로 별다른 증감이 이뤄지지 않았다. 한마디로 인원은 대폭 늘었는데, 매출은 횡보 또는 퇴보를 함으로써 1인당 매출 규모가 급감한 것이다. 제철설비 정비라는 저효율 사업을 벗어나 EPC라

는 고효율 사업으로 전환을 했음에도 실제 상황은 정반대로 나타난 것이다.

대한민국 기업에게 있어 '워크아웃'이란 일종의 사형선고나 마찬가지다. 벗어나기가 좀처럼 쉽지 않을 뿐 아니라 용케 벗어난다 해도 곧바로 M&A의 대상이 되기 십상이다.

따라서 일단 워크아웃에 접어들면 늦든 빠르든 '현재'의 기업은 실질적으로 해체되는 것이나 마찬가지다. 길지 않은 대한민국 기업사를 살펴보면 굴지의 대기업마저 경영난으로 워크아웃에 접어들었다가 시나브로 사라진 경우가 적지 않다. 실제로 포스코플랜텍이 워크아웃에 들어갔을 때 그런 우려를 한 전문가들도 적지 않았다.

2014년 말 포스코에서 2,900억 원의 자금 지원을 받았음에도 2015년 5월 워크아웃 신청 당시 포스코플랜텍의 부채는 약 4,500억 원. 이 가운데 1,000억 원가량은 회사채였다. 아무리 영업이익을 내고 있는 상황이라 해도 회생은 어려운 상황이었다.

당시 포스코 내부 사정을 잘 아는 한 임원은 이렇게 상황을 전했다.

"포스코 임원회의에서도 플랜텍 문제가 비중 있게 다뤄졌습니다. 성진과의 합병을 주선한 것도, EPC로 전환해서 해외 사업에 집중 투자하도록 힘을 실어준 것도 포스코였으니 어느 정도 책임을 느끼고 있기도 했습니다. 2014년에 2,900억 원이라는 거액의 증자를 단행한 것도 그런 부채감이 한몫을 한 거죠. 하지만 상황이 너무 나빴어요. 그래서 아예 도산을 시키는 것이 옳다는 의견도 제법 있었습니다."

게다가 포스코의 상황도 썩 좋지 못했다. 더 이상의 대규모 증자는 어려웠다. 그렇다고 플랜텍이 문을 닫도록 그냥 둘 수도 없었다.

"포스코의 계열사가 도산을 했다면, 아주 큰 사회적 이슈가 될 것이 불을 보듯 뻔했습니다. 포스코가 아무리 어렵다 한들 그 정도 자금 여유가 없는 것도 아닌데 수수방관을 했다면서 엄청난 비난이 쏟아지겠죠. 금융권이건 사채건 간에 플랜텍에 돈을 빌려준 것은 사실 모회사를 본 것 아니겠어요? 또 그 당시 플랜텍 이외에도 다소 어려운 기업들이 몇 개 더 있었는데, 만일 플랜텍의 도산을 막지 못한다면 채권자들이 나머지 그룹사에도 자금 회수를 압박할 게 눈에 보였습니다."

비록 워크아웃까지는 막지 못했지만, 포스코는 플랜텍이 도산을 면할 수 있도록 나름 힘을 쏟았다. 채권단이 납득할 수 있도록 새로운 경영진을 파견하고, 일정한 수준의 Captive 물량을 약속했다.

2017년 현재 포스코플랜텍의 상황은 지난 2015년에 비해 상당히 호전되었다. 워크아웃 탈출도 머지않았다는 이야기가 내부에서 흘러나오고, 임직원들의 얼굴에 드리워졌던 짙은 그늘도 서서히 걷히고 있다. 이는 대규모 인원 감축과 부실 사업의 과감한 정리, 전 직원의 무급 휴직 등 플랜텍의 뼈를 깎는 자구 노력이 서서히 빛을 발하는 것이지만, 한편으로는 포스코라는 든든한 패밀리가 있었기에 가능한 일이었던 셈이다.

작가 권미경은 〈아랫목〉이라는 작품에서 '가족'을 이렇게 표현했다.

"눈물로 걷는 인생의 길목에서 가장 오래, 가장 멀리 배웅해 주는 사람은 바로 가족이다."

승자 없는 경기, 2인 삼각

합병에 따른 또 다른 문제는 '이질적인 문화'였다.

화공 플랜트와 해외사업에 익숙한 성진지오텍 출신과 제철 설비 정비를 주로 하면서 오랫동안 포스코 문화 속에서 지냈던 플랜텍 출신은 뿌리가 다른 만큼 생각도 문화도 많이 달랐다. 게다가 더 큰 문제는 EPC라는 새로운 방향 앞에서 어느 한쪽도 확실한 주도권을 쥐고 앞장을 설 수 없었던 점이다. 비유컨대 2인 삼각 경기가 펼쳐지고 있는데, 막상 경기장에 들어선 두 사람 중 어느 누구도 가야 할 목표가 어딘지, 어느 방향인지 제대로 알고 있지 못한 상황이라고나 할까….

2인 삼각. 어린 시절 운동회나 회사 워크숍에서 해본 경험들이 있을 것이다. 두 사람이 각각 한 발씩을 묶은 채 절뚝절뚝 달리는 바로 그 경기다. 2인 삼각에서 중요한 것은 발을 묶고 있는 두 사람의 능력이 아니라 호흡이다. 두 사람이 동시에 골인을 해야만 경기가 끝나기 때문이다. 설사 100미터를 9초대에 주파하는 우샤인 볼트가 온다 해도 파트너와 호흡이 맞지 않으면 우리 회사 김 대리와 이 과장 조를 이길 수 없다.

2013년 합병은 '매출 1조'라는 목표 앞에 성진과 플랜텍 출신의 모든 임직원에게 커다란 희망을 안겨주었다. 희망의 배를 타고 있는 동안에는 다툼도 불신도 원망도 없는 법. 모든 직원이 한마음으로 노를 저을 수 있었다. 하지만 오래지 않아 희망의 거품이 꺼지자 언제 그랬냐는 듯 직원들은 모래알처럼 흩어지기 시작했다. 게다가 1차, 2차 구조조정을 거치면서 함께 동고동락 했던 직원들이 곁을 떠나게 되고, 언제 '희망퇴직'의 칼날이 내게 올지 모르는 상황이 닥치자 '각자도생' 이외에는 아무것도 생각할 수 없게 되었다. 이런 상황에서 인력 면에서 합병의 시너지를 논한다는 자체가 어쩌면 어불성설일지도 모를 일이다.

2015년 워크아웃이 시작되면서 포스코플랜텍이라는 난파선의 키를 잡게 된 새로운 경영진이 부실사업 정리와 인원 구조조정과 함께 가장 많은 힘을 쏟은 분야가 바로 화합을 위한 각종 교육이었던 것은 결코 우연이 아니다.

합병 이후 아직 채 4년도 지나지 않은 포스코플랜텍은 여전히 2인 삼각 경기 중이다. 하지만 상황은 많이 바뀌었다. 4년 전에는 함께 발을 묶고 뛰는 그 자체가 불편하고 어색했지만, 이제는 함께 뛰는 것이 당연하게 받아들여지고 있다. 일부 직원의 경우 내심 불편함과 어색함이 완전히 사라진 것은 아니지만, 적어도 2인 삼각에 임하는 자세만큼은 확실히 바뀌었다. 플랜텍이 이제나마 새로운 희망을 향해 뛸 수 있는 인적·문화적 바탕이 비로소 만들어지고 있는 셈이다.

천당에서 지옥으로

현재를 체험한 자만이 지옥이 무엇인지를 진실로 알 수 있다.
- 알베르 카뮈

합병이 새로운 미래를 열어줄 '마이다스의 손'이 아니라 오히려 '마이너스의 손'이라는 게 밝혀진 뒤 플랜텍은 여러 가지 자구책을 만들어 시행해왔다. 당장 매출이나 이익률을 높일 수 있는 방안을 마련할 수 없는 상황에서 가장 먼저 시도한 것은 인력 조정이었다. 제철 정비 시절부터 있었던 플랜텍 출신 인력 가운데 고연령층 직원을 상당수 정리했고, 성진 출신의 인력도 많이 내보냈다. 부실 덩어리로 밝혀진 해외 사업도 철수 또는 매각 결정을 하고 손실을 털어낼 준비를 갖추기 시작했다. 하지만 이미 기울어진 추를 다시 돌릴 수는 없었다.

앞에서도 밝혔지만, 2012년부터 합병이 이뤄진 2013년을 거쳐 2015년까지의 플랜텍 경영 상황을 보면 그야말로 천당에서 지옥으로 급락했음을 잘 알 수 있다. 직원들의 사기도 땅에 떨어졌다. 본래 어려웠거나 위기 상황이었다면 오히려 충격이 덜했을 텐데, '비전 2020' 등으로 한껏 기대가 높아진 상황에서 장밋빛 미래를 열어줄 것으로 기대를 모았던 성진과의 합병이 오히려 큰 손실로 나타나면서 상대적 박탈감이 더 커졌던 것이다.

이런 상황에서 포스코플랜텍이 채권단에게 '경영정상화 사업계획서'(이하 계획서)를 제출한 것은 어쩔 수 없는 선택이었다. 2015년 5월이었다.

플랜텍은 이 문건을 통해 2015년 봄까지 경영정상화를 위해 어떤 노력을 기울여 왔는지, 앞으로 어떻게 해 나갈 것인지 상세히 밝혔다. 또 워크아웃까지 오게 된 원인이 무엇인가에 대한 분석도 담았다. 문제를 제대로 파악해야 미래를 담보할 수 있다는 점에서 플랜텍이 스스로 분석한 내용은 나름의 큰 의미를 가진다.

포스코플랜텍에서 자체 분석한 원인은 크게 세 가지였다.

1) 재무구조 개선 지연
2) 대내외 경영 여건 변화에 따른 경영정상화 지연
3) 순현금 유출 지속 및 연이은 신용등급 하락으로 자금경색 발생

우선 첫 번째로 '재무구조 개선 지연'을 보자. 사실 그 내용은 비교적 간단하다. 2010년부터 2014년까지 포스코그룹(포스코와 포스코건설)으로부터 3,954억 원, 삼성엔지니어링으로부터 568억 원 등의 증자를 받았지만 같은 기간 발생한 4,615억 원의 누적손실을 감당할 수 없었다는 것이다.

하지만 단순해 보이는 이 숫자는 참으로 많은 내용을 안고 있다. 연간 7,000억 원대에서 5,000억 원대로 매출이 떨어지고, 손실은 오히려 눈덩이

처럼 불어나고 있는데 해마다 비슷한 규모의 증자가 이뤄졌다는 것은 곧 플 랜텍의 기업활동이 자체적인 판단보다는 외부적인 요인에 좌우되었음을 상 징적으로 보여준다. 특히 2014년 12월의 2,900억 원 증자는 전략적 판단에 의한 것이라 할 수 있다. 이 부분에 대해서는 별도의 장에서 따로 살펴보기 로 하자.

(단위: 억 원)

	증자 시기	투자자	액 수
1차	2010. 10	포스코건설	800
2차	2012. 04	삼성엔지니어링	568
3차	2014. 03	포스코 등	718
4차	2014. 12	포스코, 포스코건설	2,900

두 번째 분석도 크게 복잡한 내용은 없다. 2014년부터 사업구조 개편, 프 로세스 개선, 인력합리화 등 여러 가지 노력을 기울였지만 누적된 국내외 부 실자산 손실 처리에 따른 대규모 결손과 유가 하락 등의 시황 악화로 상황을 반전시키지 못했다는 내용이다. 당시 기록을 보면 2014년 말과 2015년 3월 두 차례에 걸쳐 279명의 인원을 감축했다.

(단위: 명)

구 분	계열사 전직	포스코 외주사	사내 협력사	신설 협력사	희망 퇴직	정리 해고	계
인원	26	8	7	53	183	2	279

이와 더불어 임직원들의 임금을 삭감하거나 무급 휴직을 실시하는 등 경 영정상화를 위한 나름의 노력을 기울였지만, 엄청난 부채 규모를 감안하면 대

세에 영향을 줄 정도는 아니었다.

　문제는 세 번째 항목, '순현금 유출 지속 및 연이은 신용등급 하락으로 자금경색 발생'이다. 포스코와 삼성엔지니어링 등에서 지속적으로 증자를 실시했고, 2014년 말에는 2,900억 원이라는 엄청난 규모의 자금이 유입되었음에도 신용등급 하락과 자금경색이 발생했다면 일반적인 상황은 분명 아니다.

　플랜텍은 물론 성진과의 합병을 주선하고 추진했던 포스코 본사도 미처 몰랐던 검은 먹구름이 저 멀리 중동에서부터 몰려오고 있었다. 문제는 아무도 몰랐던 탓에, 그 누구도 준비가 되어 있지 않았다는 것이다.

엎친 데 덮친 중동발 모래폭풍

번영했을 때의 거만이 역경에 처했을 때의 비탄을 가져온다.
- 토머스 풀러

    사막의 모래폭풍은 대개 일교차가 크게 벌어지기 때문에 발생한다. 중동의 모래폭풍이 3월 초~4월 말에 자주 발생하는 이유도 이 기간에 일교차가 20도 이상 나기 때문이다. 중동에서 모래폭풍을 캄신(함신. 50이라는 뜻)이라고 부르는 까닭도 봄에서 여름으로 가는 환절기 50일 동안 주로 발생하기 때문이다.

    중동 사막과 한국의 기온차가 컸던 만큼, 전정도 회장이 몰고 온 먹구름은 곧 모래폭풍이 되어 플랜텍을 숨도 쉴 수 없을 정도로 뒤덮고 말았다.

    앞에서 잠시 살펴본 대로 플랜텍이 워크아웃에 이르게 된 세 번째 원인은 '순현금 유출 지속 및 연이은 신용등급 하락으로 자금경색 발생'이었다. 여기서 '순현금 유출 지속'은 이미 2010년 이후 이어져온 상황이다. 그 내용도 익히 알 만한 것이다.

"대내외 경영 여건 변화에 따라 경영실적 개선이 예상보다 지연됨으로 인하여 영업현금흐름 감소가 확대되고, 이에 따른 과도한 금융부채로 이자비용(연간 200억 원) 부담이 가중되어 자금흐름이 악화되었다."

그런데 조금 이상하다. 이 정도 문제라면 거의 매년 500억 원 이상의 증자가 이루어졌고, 2014년 말에 2,900억 원이라는 거액이 투자된 것을 감안해 볼 때 충분히 커버가 가능한 수준이다. 그런데도 유동자금의 흐름이 막히고 신용등급이 하락되었다면 뭔가 다른 요인이 있음이 분명하다. 조금 더 자세히 살펴보자. 바로 아래쪽에 일반적인 기업에서는 발견할 수 없는 또 다른 내용이 나온다.

"이란 미수금 횡령 및 차입금 연체로 신용등급이 투기등급(CCC)으로 강등되어 금융기관의 차입한도 축소, 만기연장 실패 등 자금 부족 사태가 발생했다."

말하자면 신용등급 하락으로 차입 한도가 축소되고 만기 연장이 거부되었다는 이야기다. 이 정도면 기업에게 있어서는 거의 사형선고나 마찬가지다. 더구나 그렇게 된 주요인 중 하나가 '횡령'이라면 보통 문제는 아니다. 횡령의 범인은 2010년 포스코의 패밀리가 되었다가 2013년에 플랜텍과 합병한 성진지오텍의 전정도 전 회장. 액수는 900억 원 이상이었다.

포스코 본사의 가치경영실장(구조조정본부) 출신으로서 2015년 6월에 플랜텍을 되살릴 구원투수로 부임한 조청명 사장은 당시의 상황을 이렇게 설명한다.

"전정도 전 회장은 포스코에 인수합병된 성진 이외에도 이란에 별도의 개인 회사를 가지고 있었습니다. 합병 이전에 이란 현지 국영기업에서 성진으로 900억 원 규모의 공사를 발주하였고, 성진에서는 납품 기간 내 설비를 인도하여 공사를 완료하였습니다. 하지만 당시 미국의 이란 제재로 인해 직접 공사대금을 받지 못했기 때문에 공사대금은 이란 현지에 그대로 묶여 있는 상황이었고, 이를 전정도 회장의 개인 회사에서 관리를 하고 있었습니다. 합병 당시 그 대금은 당연히 성진의 자산으로 분류가 되었죠.
포스코나 플랜텍 역시 현금을 직접 받을 수 없었기 때문에 우리는 이란 은행에서 보증한 '보관증'을 가지고 있었습니다. 그런데 2,900억 원의 대규모 증자가 이뤄진 뒤에 전정도 회장이 그 대금을 이미 받아서 써버렸다는 걸 뒤늦게 알게 되었습니다. 우리도 황당했지만, 채권단에서는 그야말로 난리가 났죠. 그렇잖아도 살얼음 위를 걷듯 위태로운 상황이었거든요. 말하자면 전정도 회장의 횡령이 속칭 채권단의 손에 쥐어져 있던 권총에 트리거(방아쇠) 역할을 한 셈이 되었습니다."

상황을 조금 더 정리해보자. 2010년부터 2014년 말까지 포스코 본사와 삼성엔지니어링 등은 플랜텍의 순손실을 보전하기 위해 4년 동안 적지 않은 증자를 단행했다. 당시 플랜텍의 부채는 7,000여억 원. 2014년 12월의 2,900억 원 증자와 함께 채무는 4,500억 원으로 줄었고, 이 정도는 연 매출 6,000억 원을 훨씬 넘는 플랜텍의 상황에서 충분히 갚아 나갈 수 있을 것으로 보였다. 하지만 그 위에 아무도 생각지 못했던 중동발 모래폭풍이 날아온 것이다.

당시 전정도 회장의 횡령 사건은 언론에서도 큰 관심을 보였다. 성진지오텍 매각 과정에서부터 뭔가 석연치 않은 구석이 있다는 등의 구설을 몰고 다녔기 때문이다.

잠시 당시의 언론 기사의 한 토막을 살펴보자.

포스코 비자금 의혹을 수사하는 서울중앙지검 특수2부(조상준 부장검사)가 15일 포스코플랜텍의 해외 공사대금을 빼돌린 혐의(특정경제범죄가중처벌법상 횡령) 등으로 유영E&L 대표 이모(65)씨를 구속한 것으로 알려졌다.
검찰은, 이씨가 2013~2014년 포스코플랜텍이 이란석유공사에서 받은 거래대금 922억 원(719만 유로)을 위탁받아 관리하면서 650억 원을 가로챈 혐의를 받고 있다고 밝혔다. 또한 검찰은 이씨가 세화엠피 전정도(56) 회장과 공모해 포스코플랜텍 자금을 빼돌린 것으로 보고 있다. 유영E&L은 세화엠피, 이란 현지법인 SIGK와 함께 포스코플랜텍의 이란 거래대금을 관리했는데, 유영 E&L은 전 회장이 실질적으로 지배하는 세화엠피 계열사다.
- '스페셜경제' 유기준 기자 2015. 5. 15.

다시 조 사장의 이야기를 들어보자.

"사실 포스코에서는 2,900억 원 증자와 함께 플랜텍 문제가 일단락되었다고 보고 있었습니다. 증자를 결정하기까지는 적지 않은 실랑이가 있긴 했지만, 투자를 한 뒤에는 다들 한시름 놓았죠. 그런데 느닷없이 전정도 회장의 횡령 건이 터지면서 완전히 벌집을 쑤셔놓은 꼴이 되고 말았습니다. 아마 미리 그 사실을 알았다면 증자는 없었을지도 모릅니다. 물론 그 결과도 아무도 예측할 수 없었을 거고요."

이번에는 당시 플랜텍의 자금을 담당하고 있었던 강모 부장의 이야기다. 조금 더 상세한 내용이 추가되기는 했지만, 그 역시 조청명 사장의 이야기와 크게 다르지 않다.

"당시 채권은행과 사전에 미리 얘기가 다 되어 있었어요. 외환은행의 경우 만기 어음이 500억 원 정도였는데, 20%인 100억 원만 갚고 연장하기로 약속을 했죠. 그런데 만기 당일에 갑자기 연장이 안 되겠다는 연락이 온 거예요. 본사 지침이라면서. 하필이면 지점장이 바뀌는 날이라 더 얘기를 할 상대도 없었어요. 물론 증자를 받았기 때문에 현금은 있었지만, 외환은행 돈을 갚고 나면 다른 은행이 또 문제가 되잖아요. 바로 산업은행에 연락을 했죠. 그런데 외환은행도 산업은행도 물러날 생각이 없는 거예요. 전정도 회장의 횡령 사건이 터지면서 단단히 결심을 한 거죠. 결국 1차 디폴트를 맞고 말았죠."

당시 외환은행은 하나은행과 합병한 지 얼마 되지 않았던 상태. 오랫동안 거래를 유지해 왔지만 은행 정책의 변화까지 막을 수는 없었다. 게다가 우연인지 필연인지 지점장마저 바뀌었으니 더 이상 어떻게 해볼 도리가 없었다.

당시 플랜텍은 넉넉한 현금을 가지고 있었다. 하지만 일시에 모든 채무를 갚아 나갈 정도는 당연히 아니었다. 기업은 '현금'이 있어야 움직인다. 재고자산은 사실 큰 의미가 없다. 실제로 1차 파산 이후 플랜텍의 자산을 평가한 결과 엄청난 마이너스로 평가가 나오고 말았다.

성진과의 합병 이전까지 플랜텍은 거의 '무차입 경영'을 실현하고 있었다. 그러다 성진을 정상화시키기 위해 700억 원을 빌렸는데, 알고 보니 이미 성진에는 5,021억 원의 차입이 있는 상태였다(2013년 6월 공시자료 기준). 말하자면 워크아웃 이전까지 있었던 플랜텍의 채무는 대부분 성진 때문에 발생한 것이었던 셈이다. 하지만 몇 차례 증자를 거치면서 채무 비율도 상당히 낮아졌고, 이자도 떨어졌다. 울산 사업만 잘 정리하면 다시 살아날 수 있겠다 하는 희망이 생겼다. 또 KT나 포스코 같은 준 공기업의 경우, 계열사를 정리하면서 '꼬리 자르기'를 한 적이 없었다는 것도 좋은 신호였다.

그런데 하필 그 무렵 KT 계열사 중 한 곳인 'KTENS'가 법정관리에 들어갔고, 포스코그룹사 중 한 곳에서 51대 49로 지분을 가지고 있던 해외 손자회사 하나를 법정관리로 보냈다. 비록 포스코는 증자 의향이 있다고 밝히긴 했지만, 결과적으로 KT나 포스코도 꼬리 자르기를 할 수 있구나 하는 잘못된 신호로 받아들여지면서 포스코에 대한 채권단의 믿음이 붕괴된 것으로 보인다. 그러면서 2,900억 원이 마지막 증자가 아닐까 하는 의심 속에서 서둘러 채권을 회수하려고 했던 것이다. 여기에 덧붙여 대외신인도의 하락은 특히 80% 가까운 매출을 해외에서 올리고 있었던 성진지오텍 부분의 매출에 커다란 악영향을 미쳤다.

EPC 회사로의 전환이 마무리되지 못한 채 성진과의 합병도 오히려 큰 손실로 이어지고 있는 상황. 국내외 여건 변화로 유동성 위기를 겪고 있는 와중에 중동에서부터 날아온 모래폭풍은 결국 플랜텍을 '워크아웃'이라는 최악의 상황 속으로 밀어 넣고 말았다. 그야말로 엎친 데 덮친 격이 아닐 수 없었다.

#2,900억 원 지원 막전 막후

역경에 대처하는 방법은 두 가지다. 역경을 변화시키려고 애쓰거나
역경에 맞서도록 자신을 바꾸거나.
- 필리스 바텀

    2014년 12월의 어느 맑은 날, 포스코 본사의 대회의실. 권오준 회장이 주재하는 월례 임원회의다. 본사는 물론 계열사 고위 임원까지 참석한 회의는 그룹의 운명을 결정짓는 각종 정책이 나오고 토론되고 정리되는 자리였다. 점심시간을 넘기면서까지 이어진 회의는 이윽고 막바지에 접어들었다. 한동안 이런저런 안건이 이어지다 잠시 소강상태에 접어들었을 때, 권 회장의 한마디가 떨어졌다.

    "자, 플랜텍 문제는 어떻게 하는 게 좋겠소?"

    포스코플랜텍 유광재 사장의 얼굴이 굳어졌다. '드디어 올 것이 왔구나' 하는 내심이 그대로 얼굴에 드러났다.

2010년 중반을 넘으면서부터 악화되기 시작한 포스코플랜텍 상황은 그룹 임원회의의 뜨거운 감자 중 하나였다. 패밀리사의 하나로서 매년 적지 않은 투자를 하고 있지만 좀체 나아질 기미가 보이지 않고 있었다. 특히 그룹 차원에서 합병을 단행했던 성진지오텍과 하나로 묶어준 뒤 상황이 더 악화되면서 합병 결정에 참여했던 임원들도 마음이 편치 못한 상황이었다.

마이크를 켜지 않은 채 낮은 목소리로 "이참에 그냥 정리하는 게 어떨까?" 하는 의견들이 여기저기서 나오기 시작했다.

권오준 회장의 표정이 그리 밝지 않다. 포스코의 최고경영자 자리에 오른 권 회장으로서는 3년 임기의 첫해에 뭔가 성과를 내야 하는 상황. 2014년 결산을 앞두고 뭔가 결단이 필요했다. 전임 정준양 회장의 '비전 2020'이 실제적인 폐기 수순에 들어가면서 권 회장이 임기 초반 주로 했던 일은 일종의 수습이었다. 플랜텍도 그중 하나였던 셈이다.

임원들의 의견은 크게 두 갈래였다. 하나는 이참에 포스코플랜텍을 아예 정리하고 가자는 쪽이었다. 그동안 적지 않은 투자를 해왔고, 그룹사로서 제철 정비 등 많은 일을 해 왔지만 회생의 기미가 없으니 더 이상의 투자는 그룹에 부담만 준다는 의견이었다.

반면에 아예 지금과는 다른 과감한 투자를 통해 회생을 시키자는 의견도 적지 않았다. '회생파'의 대표주자는 조청명 현 포스코플랜텍 사장. 그는 권오준 회장의 취임과 함께 포스코그룹 가치경영실장을 맡고 있었다. 가치경영실은 일반 그룹사의 '구조조정본부'와 같은 역할을 하는 곳으로, 포스코그룹과 30여 개에 이르는 계열사 경영의 조율을 맡고 있었다.

"당장의 자금 투자만 보면 정리하는 게 맞을지 모르겠지만, 멀리 보면 오히려 지금 포스코플랜텍을 정리하는 게 그룹 전체에 부담이 더 큽니다. 우선 플랜텍 정도 규모의 채무도 보증을 못해준다면 '그 정도 돈도 없느냐'부터 '계열사에 딸린 식구들이 몇인데 내팽개치느냐' 등등 각종 비난이 커질 것이 눈에 보입니다. 뿐만 아니라 현실적으로도 문제가 있습니다. 플랜텍만큼은 아니어도 경영상 어려움을 겪는 계열사들에 대한 금융권의 반응입니다. 포스코를 보고 돈을 빌려준 경우가 많을 텐데, 금융권이 만기 연장을 거절하거나 금리 인상 등 압박을 가하게 되면 결국 그룹 전체에 악영향을 가져오게 될 것입니다."

당시 플랜텍의 순차입금 규모는 줄잡아 6,000억 원 내외. 게다가 수년간 계속된 손실 누적으로 자본 규모는 1,000억 원대로 줄어 있었다. 차입금에 대한 연 이자만 200억 원이 넘는 정도이니, 연 매출 5,000억~6,000억 원에다 영업이익이 마이너스인 상태에서는 적지 않은 부담이었다.

잠시 말없이 임원들의 갑론을박을 듣고 있던 권 회장이 드디어 입을 열었다.

"말씀 잘 들었습니다. 양쪽 모두 타당한 의견이라고 생각합니다. 하지만 이제는 어떤 쪽으로든 결론을 내려야 할 때입니다. 저는 조청명 실장의 이야기가 더 설득력이 있는 것으로 생각됩니다. 부담이 되는 것도 맞고, 확실하게 회생이 된다는 보장이 없는 것도 사실이지만, 우리의 패밀리사가 맥없이 문을 닫도록 그냥 둘 수는 없다고 생각합니다. 어렵지만,

한 번 더 기회를 주도록 합시다. 그리고 기왕이면 제대로 힘을 쓸 수 있도록 통 크게 한번 도와줍시다!"

권 회장의 이런 결단의 바탕에는 크게 두 가지가 깔려 있었다. 하나는 권오준 회장의 취임 이전부터 함께 호흡을 맞춰 왔던 조청명 실장의 판단에 대한 믿음이고, 또 하나는 계열사에 대한 회장으로서의 부채감이었다. 플랜텍을 포함한 대부분의 계열사들은 포스코 출신들이 상당히 많이 포진해 있었고, 특히 사장과 부사장, 이사 등의 경영진은 거의 전부라고 할 수 있을 정도로 포스코 출신들로 채워져 있었다. 실적이 좋건 나쁘건 포스코의 입김이 클 수밖에 없는 구조였고, 이 때문에 대부분의 포스코 임원들은 그에 따른 책임감을 적지 않게 가지고 있었다.

권 회장의 결단과 임원회의의 결과에 따라 '통 큰 지원'이 결정되었지만 구체적인 액수에 대해서는 조청명 실장과 그룹사 실무자들, 그리고 플랜텍 유광재 사장과 실무자 등이 모여서 여러 차례 회의를 거쳐야만 했다. 그 결과, 2,900억 원의 지원이 결정되었다. 총 채무액의 절반에는 약간 못 미치지만 1/3은 넘는 거액이었다. 때마침 납입일은 12월 24일. 크리스마스 이브였다.

주요 증자 내용은 다음과 같다.

당시 포스코의 유상 증자를 긍정적으로 받아들인 신용평가회사 NICE는 다음과 같은 보도자료를 각 언론사에 배포했다. 물론 한켠에서는 우려의 시

구 분	내 용
증자 방식	제3자 배정방식
증자 금액	2,900억 원(포스코 2,386억 원, 포스코건설 514억 원)
이사회 결의일	2014년 12월 22일
납입일	2014년 12월 24일

각도 감추지 않았다.

㈜포스코플랜텍(이하 '회사'), ㈜포스코 및 ㈜포스코건설은 2014년 12월 22일 이사회에서 회사에 대한 2,900억 원 규모의 유상증자를 결의하였다. 납입예정일은 2014년 12월 24일이다.

금번 유상증자를 통해 2014년 9월 말 현재 6,157억 원까지 확대된 회사의 순차입금 부담이 크게 감소할 수 있을 것으로 예상되며, 수년간 손실 누적으로 인해 2014년 9월말 현재 1,038억 원까지 축소된 자본규모의 확충이 이루어져 부채비율 또한 상당 수준 개선이 가능할 것으로 보인다. 특히, 금번 유상증자는 포스코그룹의 회사에 대한 지원의지를 표명한 것으로 해석될 수 있으며, 이는 회사의 대외신인도에도 긍정적으로 작용할 전망이다.

다만 주요 사업분야인 플랜트 기자재 부문의 불리한 시장환경이 지속되는 가운데 2008년 이후 지속적인 당기순손실을 시현하는 등 사업정상화가 지연되고 있는 점과 2013년 이후 대규모 손실이 발생한 해양모듈 부문의 사업정리 과정에서 추가적인 손실 발생 가능성이 상존하고 있는 점 등은 향후에도 회사의 재무안정성에 부담요인으로 작용할 수 있다.

하지만 결과적으로 이 자금은 안타깝게도 별 효과를 발휘할 수 없게 되었다. 2015년 봄에 밝혀진 전정도 회장의 900억 원 자금 횡령 사건 때문이었다.

사실 2,900억 원이 증자된 상황에서 900억 원의 횡령은, 액수로만 따지면 대세를 결정지을 만큼의 큰 충격은 아닐 수 있다. 하지만 이미 플랜텍에 대한 의구심을 품고 있었던 채권단으로서는 더 이상 결단을 미룰 수 없었던 것이다.

훗날 조청명 사장은 이때의 결정을 이렇게 회고했다.

"아마 전정도 회장의 횡령 사실을 미리 알았더라면, 권 회장님은 물론 저도 증자를 하자고 못했을지 모르겠습니다. 앞날이 뻔히 보이는데, 그 길을 가자고 주장할 수는 없는 노릇이니까요."

하지만 한 기업의 역사든 개인사든 '~이랬더라면' 하는 가정법 'if'는 의미가 없는 일. 그렇게 플랜텍에 대한 통 큰 지원에 앞장섰던 조청명 실장은 1년이 채 못 되어 더욱 망가져버린 플랜텍에 사장으로 부임하게 되었다.

"이봐요, 이젠 조 실장이 플랜텍으로 가서 일을 좀 해야겠어요."

권 회장이 미안한 듯한 얼굴로 이야기를 꺼냈을 때, 조 사장은 내심 혼잣말로 상황을 정리했다.

'네 알겠습니다, 회장님. 어쩌겠어요? 제가 지은 원죄가 있으니 제가 가서 풀어야죠.'

필리스 바텀은 일찍이 역경에 대처하는 방법을 두 가지로 정리했다. 하나는 역경 그 자체를 변화시키는 것. 그리고 하나는 역경에 맞춰 나를 변화시키는 것. 일단 조 사장은 플랜텍의 사장으로 부임함으로써 스스로를 변화시켰다. 이제 남은 일은 역경 그 자체를 변화시키는 일이다.

2014, 잔인한 봄, 우울한 겨울

네 살 아들이 스마트 폰으로 게임을 하다가 'fail'이 뜨자 좋아했다. 의아해진 아버지가 묻는다.
"'fail'이 무슨 뜻인지 아니?" … "그럼, 아빠, 다시 하라는 거잖아."
- 김연수 『소설가의 일』 중에서

권오준 회장이 포스코라는 거대 그룹의 회장으로 공식 취임한 2014년은, 사실 세계경제와 한국경제 모두가 어려운 때였다. 물론 포스코 역시 마찬가지였다. 이 때문에 세계경제와 포스코가 동반 성장하고 있을 당시 세웠던 '비전 2020'의 공격적인 전략 대신 안정적인 경영 전략이 필요해졌다.

영국으로 귀화한 미국의 시인이자 비평가였던 TS 엘리엇은 〈황무지〉에서 4월을 잔인한 달이라 불렀다.

4월은 가장 잔인한 달,
라일락꽃을 죽은 땅에서 피우며,
추억과 욕망을 뒤섞고,

봄비로 활기 없는 뿌리를 일깨운다.

겨울이 오히려 우리를 따뜻하게 해주었다.
대지를 망각의 눈으로 덮고,
마른 구근을 가진 작은 생명을 길러주며.

시인이 어떤 뜻으로 4월을 잔인하다고 했는지, 겨울이 오히려 따뜻하다고 했는지 파악하는 일은 쉽지 않지만, 적어도 2014년 대한민국의 4월은 참으로 잔인했다. 4월 16일, 수학여행을 떠나는 수백 명의 단원고 학생들과 일반인 승객을 태우고 제주도를 향하던 세월호가 진도 앞바다에 침몰했기 때문이다. 이날로부터 한동안 대한민국은 슬픔과 애도 속에서 벗어나지 못했고, 모든 것이 '세월호' 정국 속으로 급격히 빨려 들어갔다.

일부 언론에서는 당시 세월호 사건의 여파 때문에 경기가 나빠지고 있다고 비판했지만, 매우 아전인수 격인 해석이었다. 2013년 말에 일본 노무라경제연구소는 이미 2014년 한국경제가 지속성장에서 저성장 기조로 바뀔 것임을 예견했고, 실제로 엔저 현상과 스마트폰 사업의 부진으로 연초부터 경기가 추락세를 나타내고 있었기 때문이다.

간단하게 보자면 경기가 나빠진 주원인은 한국 경제를 떠받치는 수출이 부진했기 때문이다. 당시 수출 부진의 원인은 여러 가지였지만, 2014년 봄을 고비로 폭락하기 시작한 국제유가의 영향이 가장 컸다. 미국산 셰일유의 생산이 급격히 늘어나면서 나타난 현상이었다. 당시 한창 잘나가던 중국마저 수출 부진으로 기세가 한풀 꺾였을 정도로 세계 전체가 유가 폭락의 유탄을 맞고 있었다.

이런 상황에서 신임 권오준 회장은 '새로운 수요 개척과 원가절감 활동 강화'를 화두로 내걸었다. 새로운 시장을 찾아 나서는 한편 원가를 절감하는 투 트랙을 동시에 가동하겠다는 뜻이었다.

'기술과 마케팅을 융합해 경쟁력을 강화하겠다'고 선언한 권 회장은 먼저 고부가·고마진 철강제품인 자동차 강판과 에너지용 강재, 선재 판매를 확대하기로 결정했다. 중국 등의 저가 공세에 맞서 품질로 승부하겠다는 의지를 보인 것이다.

두 번째는 내실의 강화다. 재무구조 개선을 위해 현금 중심의 경영과 원가절감에 집중하고, 원료 재고일수 감축, 반제품 재고조정을 통해 현금 유동성을 높이는 것 등이 핵심 전략이었다. 실제로 포스코는 저가원료 사용과 에너지회수, 설비효율 향상, 부생가스 활용 등을 통해 수천억 원의 원가 절감 효과를 거두었다.

이와 함께 국내외 각지의 생산기지를 연내에 준공함으로써 원가 절감에 더욱 박차를 가하겠다는 계획도 밝혔다.

또한 고객사의 개별 요구에 맞는 제품을 제때 생산하는 '최적화'에 초점을 맞추고 수주·생산·판매부서 간 협업 프로세스를 강화해 납기 준수 등 고객 요구에 더욱 안정적으로 대응하며 경쟁력을 높이는 것을 새로운 전략으로 내세웠다. 한마디로, 일단 소나기를 피하면서 중국의 물량공세와 일본의 저가공세에 맞서서 신기술과 내실로 승부하겠다는 전략인 셈이었다.

반면에 플랜텍은 따뜻한 봄을 맞이하고 있었다. 2013년 7월 성진지오텍과 한 살림을 차리면서 나름 기대에 부풀어 있었고, 2014년 3월에는 주주우선공모 유상증자 방식으로 700억 원 이상의 증자가 이루어졌다. 그리고 포스코 패밀리 '품질경영 도약상'을 수상하면서 기술적으로도 발전했음을 내외에 널리 알렸다. 그리고 12월에는 포스코로부터 2,900억 원의 증자도 이루어졌다.

이렇듯 플랜택은 외형상으로는 따뜻한 봄을 맞았지만, 실제로는 그 누구보다 잔인한 봄을 맞이하고 있었다. 이미 돌이킬 수 없을 정도로 망가진 상황에서 정들었던 직원들을 수백 명씩 몇 차례에 걸쳐 내보내야 했고, 무급 휴직, 상여금 반납 등 '고난의 행군'이 계속되고 있었던 것이다. 참으로 2014년은 잔인한 4월, 우울한 겨울로 기억될 만한 해였다.

달콤한 독약, 국내외 프로젝트들

조금도 위험을 감수하지 않는 것이 인생에서 가장 위험한 일이다.
- 오프라 윈프리

워크아웃 직전의 플랜텍 상황을 되돌아보면, 어느 하나 문제가 아닌 것이 없다고 할 정도였다. 물론 경영진이나 직원들 중 그 누구도 의도한 것은 아니었지만, 이렇다 하게 긍정적인 신호로 볼 만한 것이 거의 없었다. 그렇게 수많은 문제들이 쌓여 있었지만, 대부분의 사람들이 꼽는 주요인은 크게 세 가지로 나뉜다.

1. 전략과 관리 실패.
2. 성진지오텍과의 합병.
3. '묻지 마' 도전, 국내외 대형 프로젝트.

이 가운데 1번과 2번은 앞에서 살폈다. 이제 제3번, 국내외 대형 프로젝트를 살펴보자.

앞에서 이미 밝힌 대로 지금은 워크아웃을 몰고 온 '실패의 원흉'으로 꼽히고 있지만 사실 대형 프로젝트는 성진지오텍 합병과 더불어 플랜텍의 미래 먹거리를 책임질 것으로 기대를 모았던 '희망의 아이콘'이었다. EPC로 전환을 꾀하면서 가장 먼저 시도한 것이 바로 국내외 대형 플랜트사업이었고, 포스코 본사에서도 적극 권했다. 문제는 경험과 기술이 거의 전무했다는 것. 하지만 충만한 의욕으로 그 정도는 극복할 수 있을 것이라 믿었다. 게다가 '매출'에 목을 매느라 제대로 분석도 하지 않은 채 덜컥 수주를 함으로써 상황을 더욱 악화시키고 말았다.

당시 상황을 잘 아는 플랜트사업부의 어느 부장은 이에 대해 "수주 실적에 매달린 채 독약인 줄도 모르고 달콤한 그놈을 넙죽넙죽 받아먹다가 결국 플랜텍을 무너뜨렸다."라고 표현하기도 했다. 일 년 내내 수백 명, 수천 명이 달려들어서 일을 해 봐야 몇 십억 원 규모도 안 되는 일만 해오던 플랜텍의 입장에서 단번에 수백억 원이 움직이는 대형 프로젝트는 얼마나 달콤했겠는가. 게다가 평균보다 낮은 단가로 수주를 시도했으니, 입찰도 그리 어렵지 않았다.

당시 해외 프로젝트에 처음부터 참여했거나 훗날 뒤처리에 투입된 담당자들이 꼽는 국내외 대형 프로젝트의 실패 원인을 정리해 보면 대략 다음과 같다.

1. 수주 단가에 대한 분석이 부족했다. '희망'을 바탕으로 이익은 최대로 잡고 비용은 최소로 잡곤 했다. 공사를 진행하다 보면 비용은 눈덩이처럼 불어나고, 이익은 점차

줄어들다 결국은 마이너스로 결론이 내려지게 된다.

2. 현지 상황에 대한 파악이 거의 되어 있지 않았다. 중장비가 들어갈 수 있는지, 현지 노동자들을 얼마나 활용할 수 있는지, 현지의 급여 수준은 어느 정도인지 등에 대한 정보를 거의 갖고 있지 않다 보니 불필요한 지출과 공기 지연이 다발적으로 발생했다. 심지어 현장에 접근 가능한 도로가 있는지 없는지도 제대로 파악이 안 된 경우도 있었다.

3. 문화의 차이에 대한 고려가 없었다. '까라면 까야지' 하는 한국식 문화, '빨리빨리' 하는 조급증 등이 해외에서는 거의 통하지 않았다. 오히려 갈등의 골이 깊어지고, 일을 제대로 진행할 수 없는 지경에 이르기도 했다.

4. 기술 수준을 제대로 갖추지 못했다. EPC 프로젝트는 고도의 기술집약적인 부분들이 많이 있다. '한번 해 보자' 하는 단순한 도전으로 되지 않는 부분이 많다. 일을 하면서 배우다 보니 실수도 많고, 그에 따른 기회비용을 상당히 치러야 했다.

각 현장별로 어떤 문제들이 있었는지 간략하게 살펴보자.

■ 태국 사뭇사콘시 생활폐기물 재처리 사업

플랜텍이 EPC 전환을 선언하면서 가장 먼저 시작한 해외 사업이 바로 태국 사뭇사콘시의 생활폐기물 재처리 사업이다. 사업 내용은 비교적 간단하다. 사뭇사콘시에서 나오는 생활폐기물들을 분리해서 재활용 가능한 것은 판매하고, 음식물 쓰레기는 재처리해서 퇴비로 만드는 것이다. 우리나라 사람들이라면 이미 생활화되어 있는 바로 그 사업을 태국에서 하기로 한 것이다.

첫 시작은 순조로웠다. 계약금액은 333억 원, 공사기간은 약 3년(2013. 8. 30~2016. 6. 30). 첫 해외진출이라 기대도 컸고, 사내의 관심도 뜨거웠다. 하지만 결과는 참담한 실패로 끝나고 말았다. 플랜텍 해외진출 사업의 대부분이 그랬듯 경험과 기술의 부족이 가장 큰 문제였다. 그리고 또 하나 현지 상황에 대한 정보 부족도 빼놓을 수 없다.

먼저 기술적인 문제. 예정에 맞춰 공사를 마쳤지만 설계상 문제 때문에 제대로 기능을 발휘하지 못했다. 애초에 기술적인 면에서 충분히 갖추지 못했던 터라 재처리 설비를 담당한 전문업체에서도 문제를 해결하지 못했고, 플랜텍도 별다른 방안을 찾아낼 수 없었다. 게다가 공장은 지반이 30cm나 내려앉았다. 결국 공사는 마쳤지만 준공 허가를 낼 수 없었다. 더 큰 문제는 준공 후 공장 운영까지 직접 맡는 조건으로 계약을 했던 것이다. 다시 말해 준공 이후의 문제까지 모두 플랜텍이 책임을 지도록 되어 있었다는 얘기다.

게다가 현지 사정도 생각했던 것과 너무 달랐다.

사뭇사콘시는 태국 중남부 지역에 자리하고 있는 사뭇사콘 주의 주도로서 항만 도시이다. 수도 방콕에서 남서쪽으로 약 50km 정도 떨어져 있으며 타친 강 어귀의 상류에 위치하고 있다. 주산업은 어업과 농업이고, 인구는 3만~4만 명 정도. 우리나라로 치면 해안을 끼고 있는 중소도시 정도 규모다.

그런데 문제는 태국은 한국이 아니라는 것이다. 일단 생활수준이 우리나라의 1960~70년대 정도라 도시화가 덜 되어 있는데다 생활방식도 우리와 달라도 너무 달랐다.

2015년 6월. 이미 사업이 실패했다는 결론이 내려진 상태에서 뒤처리를 위해 투입되었던 철강플랜트사업부 김모 부장의 이야기다.

"생활폐기물을 재처리해서 수익을 얻으려면 가장 중요한 게 재활용이 가능한 것들을 골라서 판매를 해야 되는데, 중간에서 미리 다 걸러내고 오기 때문에 쓸 만한 게 거의 없어요. 방콕 같은 곳도 그런데 사뭇사콘은 오죽하겠어요? 게다가 음식물 쓰레기를 재처리해서 퇴비로 만들어야 되는데, 음식물 쓰레기가 거의 안 나와요. 대부분 음식을 밖에서 사 먹거든요. 게다가 식당에서는 음식물 쓰레기를 미리 계약한 업자들에게 판매해요. 그러니 우리한테 오는 건 전부 매립 쓰레기밖에 없죠. 현지 사정을 너무 모르고 시작한 거예요."

준공이 늦어지면서 발생한 손실도 컸지만, 어느 정도 공장이 가동된 뒤에도 예상했던 수익은커녕 오히려 손실만 늘어나는 상황. 결국 철수를 결정할 수밖에 없었다. 결국 플랜텍은 공사대금과 별개로 307억 원을 배상해 주었고, 태국 사업은 해외 진출 사업의 대표적인 실패 사례로 꼽히게 되었다.

또 하나, 잊지 말아야 할 것은 현장에 투입될 노동자들의 '질'과 '성향'이다. 세계 어디를 가건 한국인들만큼 부지런하고 일 잘하는 노동자들은 없다. 따라서 현지 노동자들을 고용할 때 한국인들을 기준으로 판단하면 큰 문제가 생긴다. 인원수는 물론 공사기간도 훨씬 늘려서 잡아야 한다. 특히 태국처럼 더운 나라 사람들은 성향 자체가 느긋하기 때문에 이 점을 미리 계산에 넣지 않으면 적지 않은 시간과 비용의 손실을 감수할 수밖에 없다.

대한무역투자진흥공사, 즉 KOTRA는 '언제나 느긋한' 태국인의 특성을 이렇게 소개한다.

태국인의 특징을 이야기할 때 빠지지 않는 단어가 있다. '마이뺀 라이'가 그것이다. 아무것도 아니라는 말이다. 이 말은 태국인이 하루 종일 입에 달고 산다. 문제없다는 '마이미 빤하'도 같은 종류의 말이다. 태국인의 멘탈리티(MENTALITY)를 읽을 수 있는 부분이다. 원래 '마이뺀 라이'는 혼잡한 버스 안에서 발을 밟거나, 복잡한 백화점 안에서 어깨를 친 사람이 '미안하다'라고 했을 때 '괜찮다'라는 대답으로 하는 게 원칙이다.
영어의 'NEVER MIND'에 해당한다고 할까. 그런데 태국에서는 차량충돌 사고가 발생했을 때, 가해자가 피해자 차를 한번 쓱 훑어보고는 '마이뺀 라이'라고 하기도 한다. 집에서도 마찬가지다. 주인이 아끼는 접시를 깬 가정부가 똑같은 말을 한다. 열이 받치지 않을 수 없다. 적반하장도 유분수지. 자기 차로 치어놓고는 괜찮다? 그러나 그게 아니다. 차 사고를 일으켜서 미안하지만, 그래도 차가 크게 부서지거나 사람이 많이 다치지 않았으니 너무 문제가 안 되었으면 한다는 마음을 이야기한 것이다. 가정부도 마찬가지다. 그런 태국 사람들의 마음을 속속들이 읽어내기란 사실 여간한 노력과 인내가 필요한 일이 아니다.

■ 대만 타이페이항 이송설비 프로젝트

　중국과 일본을 제외하면, 대만은 아시아 지역에서 한국과 함께 GNP 수준이 가장 높은 나라라 할 수 있다. 오랜 우방으로서 정식 국교를 맺고 있었지만 1992년, 중국과의 관계 때문에 결국 국교를 단절할 수밖에 없었던 아픈 기억이 있는 나라이기도 하다. 정식 국교 관계는 없지만, 경제 교류는 여전히 활발한 편이다.

　대만 프로젝트(TPTC)는 수도인 타이페이의 항만에 콘크리트 재료인 모래와 자갈 등을 이송 및 저장할 수 있는 설비를 만들어주는 것이었다. 저장 규모는 약 13만 톤.

　사실 대만 프로젝트는 플랜텍이 이미 노하우를 가지고 있던 포항제철소의 코크스·철광석 등 원료 이송 설비와 유사한 형태라 공사 자체는 별 어려움이 없었다. 그럼에도 결국 불량 해외사업이라는 오명을 쓰게 된 가장 큰 요인은 저가 수주, 그리고 대만 현지인 노동자들의 기술력에 대한 과대평가와 공기 지연에 따른 손실 등이라 할 수 있다.

　TPTC의 계약금액은 457억 원. 예정된 공사기간은 2013년 12월부터 2015년 10월까지 약 2년. 그런데 실제 설비가 완료된 것이 2016년 10월이고 준공필까지 마친 것이 2017년 7월이었으니, 이 때문에 발생한 지체보상금만 약 48억 원이었다.

　이제 하나씩 그 과정을 돌아보자.

　2014년 9월. 공사 입찰이 끝나고 약 1년이 흘렀을 무렵, 공사를 발주했던 '타이페이 포트 터미널 컴퍼니'로부터 클레임이 들어왔다. 공기가 너무 늦어지고 있으니 담당 프로젝트 매니저 즉 PM을 교체해달라는 내용이었다. 물론 PM이 업무를 태만히 했다거나 다른 문제가 있었던 것이 아니다. 속을 들여다보면 원인은 지나치게 낮은 금액의 수주였다. 공사 대금이 턱없이 낮다 보니 이걸 만회하기 위해 물량 및 비용을 최대한 낮출 수 있도록 설계를 하는 과정에서 그만 1년이 훌쩍 지나버리고 말았던 것이다.

터무니없을 정도로 낮은 가격으로 입찰에 나서게 된 것은 일종의 조급증 또는 실적에 대한 압박 때문이었다.

그 무렵 플랜텍에서는 대만전력청이 발주한 카오슝 프로젝트 입찰에 나섰다가 현대로템에 밀리고 말았다. 담당자로선 새로운 프로젝트가 절실했던 그 순간, 때마침 타이페이 터미널 프로젝트가 나타난 것이다. '무슨 일이 있어도 이번 프로젝트는 우리가 따내야 된다'는 강한 의지로 입찰의향서를 받고 한 달 만에 입찰을 했다. 리스크 검토, 비용 검토 등등 평균 6개월이 걸리는 과정을 모두 건너뛰었다. 하지만 결과는 3위. 당연히 입찰은 다른 곳으로 넘어가고 말았다. 그런데 대만 쪽 에이전시가 금액을 많이 다운시키면 낙찰시켜 주겠다고 제안을 해 왔다. 꼼꼼히 따질 겨를이 없었다. 애초 예상보다 상당히 낮은 금액이었지만 받아들였다.

어쩌면 결과는 그때 이미 정해져 있었는지 모른다. 사실 TPTC는 대만에서 진행하는 네 번째 프로젝트였다. 첫 번째 프로젝트는 큰 손해를 봤지만 2차, 3차는 그래도 조금은 남겼다. 즉, 대만에서 진행하는 프로젝트에 대한 나름의 노하우를 갖추고 있었기 때문에 수주만 제 금액으로 했으면 손해를 보지는 않았을 것이라는 얘기다.

결국 설계 단계에서만 1년여를 끌면서 가외 비용만 더 들어간 상태에서 입찰에 참여했던 PM은 책임을 지고 물러나고 플랜트사업실 황모 부장이 긴급 투입되었다. '공기 단축'이 황 부장에게 내려진 미션이었다. 2014년 9월이었다. 하지만 설계 단계에서 까먹은 1년이라는 시간을 만회하기는 어려웠다. 결국 공사는 예정했던 2년을 거의 채우고, 입찰 3년 만에야 끝낼 수 있었다. 황 부장은 공기를 단축할 수 없었던 원인 중 하나로 대만 현지의 기술력을 꼽았다.

"대만도 우리나라만큼 잘사는 나라지만, 기술력은 전혀 '아니올시다'였어요. 플랜텍 직원들이 경험한 프로젝트는 대부분 대한민국, 그중에서도 특히 포스코의 프로젝트였는데, 대만의 기술력은 전혀 그 수준이 아니었어요. 그걸 미리 염두에 두지 못했던 거죠. 그러면서도 자존심은 오히려 우리보다 더 세더라고요. 공기를 단축해야 한다고 한국식으로 푸시를 했더니 그 반발 때문에 오히려 일이 더 늦어지곤 했어요."

그런데 설비 공사는 2016년 9월에 마쳤지만 준공 검사를 늦추면서 다시 1년이라는 시간이 흘러가고 말았다. 그만큼 손실도 커진 상태. 이 건에 대해서는 별도의 소송을 준비하고 있다.

2017년 11월 현재. 지난 7월에 준공 검사까지 마친 설비는 아무 문제없이 잘 돌아가고 있다. 발주처도 만족하고 있다. 하지만 저가 수주와 공기 지연으로 발생한 엄청난 시간과 손실을 되돌릴 길이 없으니 안타까울 뿐이다.

세계 어느 나라를 가든 마찬가지겠지만, 대만처럼 경제가 발전한 나라에는 또 그 나름의 생각지도 못한 함정이 있다. 해외 프로젝트에서 가장 먼저 살펴야 할 사항이 아닐까 싶다.

■ 인도네시아 팜(palm) 농장 개발 프로젝트(CPO Mill PJT)

인도네시아 팜 농장 프로젝트는 플랜텍 해외 진출 사례 중 비교적 늦은 시기인 2014년 9월에 시작되었다. 원청사는 인도네시아 현지 법인이 아니라 포스코그룹으로 편입된 대우인터내셔널이었다. 당시 포스코대우에서는 3만 6,000헥타 가량의 팜(palm) 농장을 개발해서 팜유(CPO)를 추출할 계획을 세웠는데, 그중 3만 헥타를 포스코플랜텍에서 맡은 것이다. 3만 헥타는 서울시의 반 정도에 달한 만큼 넓은 면적이다.

팜유는 전 세계적으로 쓰임새가 매우 크다. 한마디로 마트에 있는 가공식품 종류에는 거의 안 들어가는 게 없다고 해도 될 정도. 한국인이 즐겨 먹는 라면을 튀길 때나 초콜릿의 원료인 카카오를 굳힐 때도 팜유를 쓰고 비누, 세제, 마가린, 화장품, 화공약품 등에도 두루 쓰인다. 심지어 어린이들이 즐겨 먹는 과자를 코팅하는 데도 팜유를 쓴다. 팜유의 지방성분 덕분에 보기도 좋고 맛도 좋아진다고 한다. 현재 팜유는 85% 이상이 인도네시아와 말레이시아에서 생산된다.

별다른 인연이 없는 인도네시아의 팜유 사업에 플랜텍이 뛰어들게 된 것은 전적으로 '대우'와의 관계 때문이다. 한국에서는 대우라는 이름에 대한 인식이 이런저런 연유로 썩 좋지는 않지만, 동남아에서는 '열심히 일하는 사람들', '좋은 사람들'이라는 이미지를 구축하고 있다. 덕분에 포스코대우는 동남아 각지에 적지 않은 프로젝트를 진행했고, 진행하고 있다. 그중 하나가 인도네시아 CPO 프로젝트였던 것이다.

포스코플랜텍은 당시 국제입찰에 참가한 업체 중 유일한 한국 업체였다. 하지만 아쉽게도 2등으로 입찰에서 떨어졌다. 1등 업체가 써낸 금액은 1,800만 달러, 플랜텍은 1,900만 달러였다.

그런데 1등 업체가 계약협상 단계에서 금액을 올려서 부르는 바람에 2등이었던 플랜텍에 기회가 온 것이다.

계약을 체결한 것은 2015년 3월. 공사 완료 예정 기간은 2016년 2월이었다. 1년도 채 안 되는 11개월의 기간이 남은 셈이었다. 하지만 사전 평가에서는 적어도 14개월 이상의 공기가 필요할 것으로 예상되었다. 이 때문에 포스코대우에서는 계약 체결이 이뤄지기 한참 전인 2014년 9월 1일에 '선작업 지시서'를 내려 보냈다. 공기를 생각하면 당연한 일이었다.

당시 현장 책임자는 말레이시아 지사장을 맡고 있던 김모 부장. 플랜텍 말레이시아 지사는 댐 수문에 있는 300MW 규모의 터널 8개를 관리·유지·보수하는 작업에 투입되어 있었다. 공사 규모는 약 500억 원 정도였다.

김 부장은 당시 상황을 다음과 같이 회고했다.

"대우의 선작업 지시서를 받고 현장에서는 해야 하느냐 말아야 하느냐로 의견이 분분했다. 170억 원이라는 공사 규모로 볼 때 괜히 뛰어들 필요가 없다는 의견이 적지 않았다. 공사비 1,900만 달러 가운데 조경, 운수, 건설장비 등 300만 달러는 대우에서 직접 하기 때문에 우리 몫은 1,600만 달러 정도였다. 반면에 '한번 해보자'는 의견도 많았다. 말레이시아와 인도네시아에서는 연 50개 정도의 CPO 공장이 지어지는데, 대부분 소규모 회사들이 시공을 맡고 있었다. 이 때문에 설비 수준이 높지 않고 공기를 맞추기도 힘들어서 공장을 지으려는 농장주들의 만족도가 높지 않았다. 따라서 우리가 이 시장에 뛰어든다면 충분히 바람을 일으킬 수 있다고 본 것이다. 그래서 일단 한번 경험을 한 다음 그걸 바탕으로 성능 등을 개선하면 우리가 인도네시아 팜 농장 건설의 대표주자가 될 수 있을 것이라 생각했다."

일단 관리 파트에서 리스크를 검토했다. 하지만 낯선 지역에서 한 번도 경험해보지 못한 공사를 하는 데 있어서의 위험이 어떤 것인지 명확하게 판단이 서지 않았다. 결국 예상치 못한 위험이 있을 수는 있지만 치명적인 것은 아닐 거라는 판단 하에 공사를 진행하기로 결론을 내렸다. 2014년 12월이었다. 그리고 2015년 1월부터 실제 공사에 돌입했다.

다시 김 부장의 이야기를 들어보자.

"실제 공사에 들어가고 보니까 문제가 한둘이 아니더라고요. 일단 거리가 너무 멀어요. 팜 농장은 파푸아 섬에 있었는데, 오지 중의 오지거든요. 한국에서부터 따지면 수도 자카르타까지 비행기로 7시간. 그리고 자카르타에서 현지 공항까지 9시간을 날아가서 현장까지 사륜차로 밀림을 뚫고 6시간을 가야 겨우 현장에 당도하게 됩니다."

이런 오지까지 장비와 인력, 기타 물자를 조달하는 게 보통 일은 아니었다. 물론 1년 이상 공사를 하기 때문에 중장비와 기타 설비는 한 번 가져다 놓으면 되지만, 일을 하는 사람 즉 노동자는 그럴 수가 없었다.
파푸아 섬은 동쪽은 파푸아뉴기니이고 서쪽이 인도네시아령인데, 공사를 시작했을 당시 농장이 있던 지역은 문명의 혜택을 받은 지가 겨우 10년 남짓

된 원시림 지역이었다. 사고가 우리나라 초등학생 수준을 겨우 넘은 정도라 지역 주민들에게 시킬 수 있는 일은 기껏해야 청소 등 잡일뿐이었다. 이 때문에 진짜 '노동자'는 인근 도시 지역 같은 곳에서 수급을 해야 했다. 하지만 수백 명의 인원을 오지로 실어 나르는 일은 그야말로 진이 빠지는 일이었다. 게다가 작업 능률은 우리나라 노동자의 30~40% 수준. 게다가 끈기가 없어서 초반 일주일 정도 최대한의 능력을 보이다 두어 달이 지나면 거의 절반 수준으로 떨어지곤 했다.

그러니 인원을 늘릴 수밖에 없고, 수시로 교체해야 하는 일이 발생했다. 날마다 산 넘어 산이 아닐 수 없었다. 그나마 위안이라면 인건비가 한국의 5분의 1 수준으로 낮다는 정도.

하지만 정작 최대의 걸림돌은 최악의 교통이나 질 낮은 노동력이 아니었다. 가장 큰 문제는 인도네시아 현지 하도사들이었다.

공사 전에 나름 검증을 한다고 했지만 아무래도 낯선 지역이고 현지 문화에 익숙하지 않다 보니 놓치는 게 많았다. 그중에서 특히 심각한 것은 '자산'이 거의 없는 영세업체들이라는 점이다. 즉 문제가 생겨도 배상이나 보상을 받을 길이 전혀 없었다는 이야기다. 여기에다 무책임하고 뻔뻔한 업체의 태도도 문제였다.

현지 하도사의 문제를 간단하게 정리해 보면 다음과 같다.

1. 계약서가 별 의미가 없다. 처음에는 계약서대로 일을 진행하지만 어떤 문제로건 자신들이 손해를 보게 되면 일을 아예 그만두고 철수를 하는 경우가 비일비재하

다. 설사 문제를 자신들이 일으킨 경우에도 막무가내로 돈을 올려달라고 주장을 하고 받아들이지 않으면 손을 뗀다. 이럴 경우 계약서 문구는 그야말로 공염불에 불과하게 된다.

2. 대부분 자산이 거의 없는 영세업체들이라 소송을 걸어도 배상이나 보상을 받을 가능성이 별로 없다. 심지어 주소와 대표자 이름이 가짜인 경우도 있다. 그만큼 허위 문서에 대한 문제의식이 크지 않다.

3. 절도에 대해 관대한 문화가 있다. 심성이 본래 나쁜 게 아니라 말 그대로 일종의 '문화'인데, 사회 전반적으로 '없는 사람'이 '있는 사람'의 물건에 손을 대는 것을 크게 문제 삼지 않는다. 한국은 잘사는 나라고, 그러니 한국 회사나 한국 사람의 것은 필요할 때 좀 가져가도 괜찮다는 식이다.

결국 우려했던 일이 터지고 말았다. 2015년 11월, 하도사와 심각한 문제가 발생했다. 공사가 지연되면서 2016년 2월까지 남은 4개월 동안 공기를 맞출 수가 없게 되었다. 계속 공사를 해달라고 독촉했지만 진행이 되지 않아 결국 보증서에 따라 배상을 요청하기로 했다. 실제 배상을 받아야겠다는 것이 아니라 배상을 요청하면 나름 압력을 느껴서 일을 하지 않겠느냐 그런 의도였다.

그런데 보증을 해 준 은행에서 보증서가 가짜라는 게 밝혀졌다. 당시 보증서는 두 가지였다. 하나는 이행보증서였고 하나는 문제가 생기면 선금을 돌려주겠다고 한 것이었다. 그런데 두 가지가 모두 가짜라는 게 밝혀지면서 그때부터는 공사대금을 지급할 수가 없었다.

결국 공사가 더 늦어지면서 자재 공급 등 나머지는 우리가 직접 돈을 주면서 노동자 한 사람 한 사람까지 관리했다. 하도사가 할 일을 우리가 한 셈이다. 이런 상태가 3개월 이상 지속되면서 공사 진척률은 거의 제로에 가까웠다.

결국 공사는 10개월 가까이 지난 2016년 11월에야 가까스로 시운전까지 마쳤다. 그리고 플랜텍은 계약에 따른 지체상금으로 총 공사비의 10%인 18억 원을 물게 되었다. 공기 지연에 따른 각종 설비 및 인건비 등의 손실에다 지체상금까지 더해지면서 총 80억 원 가량의 손실을 입은 셈이다.

김 부장은 인도네시아 프로젝트에 대해 실패로 끝났지만 절반의 성공은 거둔 셈이라고 자평한다.

"시운전을 마치고 2016년 12월부터 상업생산에 들어갔습니다. 시간당 약 30톤의 열매를 처리해서 오일을 생산하는데, 기존 공장들보다 성능이 아주 좋다는 평가를 받고 있습니다. 성능도 성능이지만, 온갖 악재에도 불구하고 끝까지 손을 놓지 않고 완공시킨 우리의 끈기를 높이 산 게 아닐까 하는 생각도 듭니다. 현지의 포스코대우 직원들이 우리 플랜텍이 어떻게 일하는지를 바로 옆에서 지켜봤거든요. 그리고 끝까지 완공해 줘서 고맙다고 하더군요."

처음 김 부장과 몇몇 사람들이 예상했던 대로 어쩌면 플랜텍은 이 공사의 노하우를 바탕으로 인도네시아 팜 농장 건설의 총아가 될지 모른다. 또는 몇 푼 남지도 않을 공사에 헛된 힘을 쏟는 대신 새로운 시장 개척에 나설지도 모른다.

하지만 적어도 인도네시아 담당자들에게 플랜텍은 포스코대우처럼 '좋은 사람들' '일 잘하는 사람들'이라는 인식은 확실히 심어준 것 같다. 그런 점에서 인도네시아 CPO Mill PJT는 절반의 성공이라 할 수 있을지 모르겠다.

■ 인천공항 3단계 수하물 처리 프로젝트

플랜텍의 국내외 프로젝트 가운데 대만 TPTC PJT나 인천공항 수하물 처리 프로젝트 같은 경우는 기술이나 노하우 면에서 특별히 문제가 될 만한 것은 없다. 일종의 벨트 컨베이어 시스템을 기본으로 한다는 점에서 이미 포항제철소 내 원료 이송 시스템 설계 및 시공에서 상당한 기술력을 축적했기 때문이다. 따라서 이런 프로젝트에서 주로 문제가 되는 것은 입찰단가가 지나치게 낮다거나 공기 지연으로 인한 예상 밖의 비용지출 등인 경우가 많다. 인천공항 3단계 수하물 처리 프로젝트가 바로 그런 경우다.

플랜텍은 포항제철소에서의 노하우를 바탕으로 1998과 2004년에 이미 1단계와 2단계 인천공항 수하물 처리 프로젝트에 참여했다. 1단계와 2단계 사업 결과는 약 200억 원 정도의 흑자. 이를 바탕으로 2013년에 다시 3단계 사업에 참여했는데, 예상 밖으로 150억 원 정도의 적자를 내고 말았다. 저가 입찰이 문제였다. 입찰은 독일의 지멘스와 포스코ICT 등과의 컨소시엄 형태로 들어갔다. 이 가운데 지멘스가 가장 큰 지분을 갖고 있었던 만큼 손실도 가장 컸고, 플랜텍이 가장 적은 편이었다.

플랜텍의 계약금액은 약 460억 원이다. 공사기간은 2013년 11월부터 2017년 9월 30일까지다. 1단계, 2단계와 마찬가지로 약 4년의 기간이 주어졌다.

현재 대한민국 공항의 물류 시스템은 전부 스트레이트 라인. 쉽게 말해서 가방이나 짐을 올려놓으면 정해진 라인으로만 가게 된다. 하지만 인천공항은 어느 코너에서 짐을 맡기건 자동으로 원하는 곳으로 보낼 수 있도록 설계돼 있다. 이른바 자동화 라인 시스템이다. 아울러 정규 라인이 고장이 날 경우 사용할 수 있는 백업 라인까지 갖추고 있다. 인천공항에서 물류사고가 거의 일어나지 않는 이유다. 이외에도 비행기 도착 전 약 2,000개 정도의 가방을 보관해두는 저장고가 따로 있고 현재 1,000개 분량을 추가 공사 중이다.

플랜텍의 담당자들이 적지 않은 손실에도 불구하고 기술적인 자부심만은 큰 이유다.

그런데 이처럼 상당한 수준의 기술을 적용하려다 보니 예상치 못한 문제가 발생했다. 2015년 봄, 본사의 워크아웃 신청 시기와 맞물려 있었던 때문인지 선공정 작업인 기계설치가 상당히 늦어졌다. 다른 시스템보다 먼저 진행되어야 하는 선공정 작업이 늦어지면서 다른 공정들마저 올 스톱이 되었고, 공사 측에서는 개항이 늦어질지 모른다는 불안감을 드러내기 시작했다. 결국 담당 프로젝트 매니저를 교체해달라는 공식 요청에 따라 플랜트사업실 한모 부장이 인천공항으로 전격 투입되었다.

"7월에 산업플랜트사업그룹장을 맡았는데, 성진 부분을 제외한 플랜텍의 악성 사업이 거기 다 있었어요. 그런데 한 달 만에 급작스럽게 인천공항으로 파견을 나가는 바람에 다른 부분을 제대로 살필 수가 없었죠. 원래 회사에서는 3~4개월 정도 정리만 하고 오라고 했는데, 가 보니까 상황이 그럴 수가 없었어요. 플랜텍 때문에 전체 공기를 못 맞추면 평창 동계올림픽까지 망칠지 모른다는 위기감이 아주 컸어요. 결국 제가 끝까지 책임을 지게 되었죠."

한 부장이 인천공항으로 파견을 나간 한 달여 뒤, 플랜텍은 최종적으로 워크아웃이 결정되었다. 그 소식을 들은 인천공항공사에서는 한 달에 한 번씩 플랜텍의 현황을 보고해 달라고 요구했다. 본사 상황 때문에 자칫 인천공항 3단계 수하물 처리 프로젝트가 차질을 빚을지 모른다는 우려 때문이었다. 물론 워크아웃에 들어가도 채권단이 파견된다는 것을 제외하면 업무에 큰 영향이 없다는 것을 공사 측에서도 알고 있었지만, '만의 하나' 때문에 나름의 안전조치를 취한 것이다.

한 부장의 파견을 결정할 당시만 해도 플랜텍에서는 여전히 인천공항 프로젝트가 무리한 수주였다는 걸 잘 알지 못하고 있었다. 기계설치 공정이 늦어졌다는 점만 부각되었을 뿐, 그때까지 입찰의 문제가 겉으로 드러나지 않았기 때문이다.

다시 한 부장의 이야기를 들어 보자.

"인천공항에 와서 한 달쯤 일을 해 보니까 어렵겠다는 느낌이 딱 왔어요. 처음에는 위에서 얘기한 대로 서너 달만 특근 야근해서 공기를 앞당기면 되지 않을까 했는데, 그게 아니더라고요. 바로 본사에다 추석에도 일을 해야 한다는 보고를 올렸죠. 자칫하면 공항공사와 정부 측에서 포스코 본사를 압박할 것 같다고요."

공기를 앞당기는 것만 문제가 아니었다. 소요 자금도 문제였다.

"공기를 앞당기자면 상당한 자금이 필요한데, 그걸 상당히 적게 잡아놓고 있더라고요. 일반적으로 기공 일당이 18만 원 내외인데, 야근이나 특근을 하면 1.5배를 줘야 됩니다. 게다가 추석 명절 같은 때 일을 하면 건설업계의 관행에 따라 일당이 3배로 올라갑니다. 거의 1년 내내 쉬는 날 없이 일을 했으니, 인건비만 해도 상당했죠."

한 부장의 추정으로는 플랜텍이 인천공항 공사에서 입은 손실 150억 원 가운데 절반은 무리한 수주 때문이고, 나머지는 늦어진 공기와 공정을 맞추고 관리하는 데 들어간 비용이다.

덕분에 인천공항 3단계 수하물 처리 프로젝트는 예정된 기간 내에 공사를 완료했다. 2017년 4월의 예비인수를 거쳐 계약대로 9월에 조건부 인수를 해서 준공 처리 중이다. 9월 14일에는 김현미 장관이 참석한 가운데 국토건설부의 4차 종합테스트까지 마쳤다. 비록 적자가 많이 났고, 비용도 많이 투입되기는 했지만 공기를 맞췄다는 점에서는 절반의 성공이라 할 수 있다.

더욱 고무적인 것은 이런 성과를 바탕으로 215억 원 규모의 시스템 확장공사를 수주했고, 32.4억 원 규모의 일부 시스템 유지보수까지 수주를 했다는 점이다. 또 공항공사에서 이미 사업을 시작한 4단계 수하물 처리 프로젝트에도 참여할 수 있을 것으로 보인다.

인천공항 3단계 수하물 처리 프로젝트 역시 여타의 악성 프로젝트와 비슷한 비싼 수업료를 냈지만, 그 가치도 적지는 않은 것 같다.

■ 남원 생활폐기물 가스화 발전시설 실용화 연구사업

지난 2015년 5월 전북 남원의 지역신문 <남원뉴스>에 "'애물단지' 된 남원 생활폐기물 가스화 발전시스템 개발 연구사업, 남원시 어쩌지?"라는 다소 난해한 제목의 기사가 올라왔다. 남원시가 야심차게 추진했던 생활폐기물 가스화 발전시스템 '개발 사업'이 결국 '개발 연구사업'이 될 공산이 커지면서 남원시가 행정(예산)작용으로 '사후적 권리구제' 대책을 세우지 않을 수 없는 처지에 놓였다는 것이다. 뉴스 매체답지 않게 '개발 연구사업'이라는 희화화된 표현까지 썼던 이 뉴스에 눈길이 간 것은 바로 사업을 진행한 곳이 포스코플랜텍이었기 때문이다.

사업의 공식 명칭은 '남원생활폐기물 가스화 발전시설 실용화 연구사업' 이고, 발주처는 한국환경공단, 사업의 내용은 생활폐기물 전처리, 가스화, 발전시설 EPC 및 운용 등이었다. 계약금액은 약 70억 원. 공사 기간은 2013년 5월 31일부터 2015년 1월 31일까지 20개월, O&M 기간은 상업운전 개시일로부터 3년이었다.

"예상했던 대로만 됐으면 사실 요술방망이나 마찬가지인 사업이었죠. 쓰레기를 태워서 가스를 얻는 국내 최초, 세계에서 두 번째로 시도하는 쓰레기재처리 사업이었거든요."

남원 PJT가 실패의 내리막길을 걷고 있을 때 뒤늦게 '수습'을 위해 투입된 김모 부장의 이야기다.

남원 PJT를 기획한 곳은 환경공단. 환경부의 연간 사업에 아이디어를 제출해서 당선이 된 것이다. 당시 터키에서 세계 최초로 쓰레기를 태워 가스화시키는 사업이 상용화 단계에 이르렀다는 발표가 나온 직후였다. 눈이 번쩍 뜨일 만한 아이템에 환경부와 환경공단이 마주 손뼉을 쳤고, 플랜텍이 입찰을 따냈다.

"사실 사업비만 보면 크게 매력적인 사업은 아니었지만 3년간 상업운영이 보장되는 조건이었기 때문에 한번 해보자 하는 마음이었어요. 게다가 세계 최초의 사업이라는 것도 매력적이었고요. 당시 플랜텍의 기술로는 해내기 어려운 일이었는데, 면밀한 검토가 부족했어요. 게다가 나중에 알고 보니 터키에서도 시운전만 해본 상태지 상용화는 못했더군요. 아직까지 어떤 나라든 성공했다는 소식도 없고요."

쓰레기 가스화 사업은 우리나라뿐 아니라 세계적으로 관심이 많았던 사업이다. 특히 필리핀이나 태국 등 개발도상국들은 쓰레기 처리도 하고 새로운 에너지원을 창출함으로써 자원도 절약하고 실업문제도 해결하는 등 다목적으로 활용할 수 있는 매력적인 사업이었다.

다시 김 부장의 이야기다.

"사실 쓰레기 가스화 기술이 과연 가능할까 하는 의문이 많았죠. 생산성도 의문이었고. 그런데 터키에서 상용화에 성공했다니 관심이 컸죠. 아이디어는 터키 사람이 냈는데, 설계 시공은 미국의 벨트란 사에서 맡았어요. 그리고 터키에 있는 쓰레기 매립장에다 시공을 했죠. 우리도 환경공단과 함께 직접 현장까지 가서 살펴봤어요."

세계 최초로 쓰레기 가스화에 성공한, 아니 성공했다고 알려진 벨트란은 환경공단에서 사업에 관심이 있다는 것을 알고 접촉을 시도했다. 하지만 환경공단은 해외 업체에 직접 사업을 넘길 수 없다고 통보하고 국내 입찰을 붙였다. 바로 이때 벨트란이 플랜텍을 파트너로 잡아서 사업을 하게 된 것이다. 입찰은 규모가 크지 않아 수의계약으로 진행되었고, 벨트란을 앞세운 플랜텍이 사업권을 따냈다.

하지만 세계 두 번째, 한국에서 최초라는 새로운 시도의 결과는 처참했다. 다시 2015년 〈남원뉴스〉의 기사를 따라가 보자.

남원시 대산면 쓰레기매립장 내에 추진 중인 '생활폐기물 가스화 발전시스템 개발 연구사업'이 3차 시험가동에서도 문제가 발생한 것으로 나타났다. 이 사업은 2013년 5월 31일 착공해 2014년 5월 31일 준공 계획으로 시작돼 남원시가 66억 원, 국비 86억 원 등이 투자된 상황이다.

연구사업을 진행 중인 한국환경공단측은 … 지난 4월 12일부터 3차 부하시운전을 실시했으나 또 다시 가스화로에 문제점이 발생해 보완중이라고 밝혔다. 문제점으로는 가스화로 폐기물 투입 시 밀폐기능 미흡, 가스화로 하부로의 재배출 미흡, 클링커 생성 등이 지적됐다.

현장점검에 나선 환경부 유정현 사무관은 "생활폐기물 가스화 발전시스템 개발 연구사업'이 저탄소 녹색성장을 위한 연구개발(R&D)에 실용화가 접목된 것으로, 연구를 실용화하는 데 여러 가지 문제가 생길 수 있다."고 말했다.

이어 그는 "주어진 기간에 하는 게 가장 이상적이지만, 연구라는 게 정해진 기간에 100% 요구를 할 수는 없다."며 "연구개발(R&D)이 성공할 수 있도록 도와줘야 한다."고 밝혀 생활폐기물 가스화 발전시스템 개발 연구사업 성공여부를 단정 짓지 않았다.

비록 기술적으로 부족했고 예정 기간도 넘기기는 했지만, 플랜텍은 최선을 다해 설비를 완성시켰고 시운전도 1년 동안 해 봤다. 하지만 '가스화'는커녕 겨우 쓰레기에 불을 붙이는 이상의 성능을 발휘하지 못했고, 설비를 보완하고 재정비하느라 비용은 기하급수적으로 늘어났다. 쓰레기에 불도 못 붙이는 상황에서 하루에 680만 원씩 비용이 들어갔다. 특단의 조치를 취하지 않을 수 없었다.

환경공단 내 고등기술연구원에 도움을 요청했고, '좋은 쓰레기'를 돈 주고 사와서 시운전을 다시 했다. 최고 출력 800KW를 찍었다. 환경공단과 함께 전 직원이 만세를 부르고 회식도 했다. 하지만 거기까지였다. 소각로에 다시 문제가 생기면서 남원 사업은 어느새 돈 먹는 하마가 되고 말았다.

2015년 12월 24일 본사 부사장이 참석한 가운데 14차 시운전을 했다. 달라진 것은 없었다. 참담한 결과에 경영진도 말을 잇지 못했다. 문제는 쓰레기에 포함된 이물질이 너무 많다 보니 이에 대한 처리비용이 많이 들어가는 것이었다. 사업을 시도했던 대부분의 나라들이 '기타 부산물 처리비용' 때문에 상용화를 포기했다는 걸 그제야 이해했다.

12월 26일. 깨끗이 청소를 하고 본사에 가서 사장님 이하 경영진이 모여서 협의를 한 결과 사업을 접기로 결정을 내렸다. 문제는 물어줘야 할 금액이 만만치 않았던 것이다.

앞이 보이지 않는 사업의 타개책을 찾기 위해 조청명 사장을 위시한 경영진 회의가 열렸다. 그리고 밑도 끝도 없는 시운전을 장기화하지 말고 기본설계서를 작성한 환경공단에 설계 변경을 요구하기로 했다. 이에 따라 시운전을 중단하기로 결정했다.

뜻한 대로의 성능이 나오지 않는 원인이 플랜텍의 설비 문제라는 환경공단의 주장과 설계 문제라는 플랜텍의 주장이 맞서게 되었고, 결국 플랜텍을 피고소인으로 하는 환경공단의 소송이 진행되었다.

소송의 결과는 2017년 8월 1일치 〈뉴스1〉의 기사에 상세히 정리되어 있다.

"남원시 생활폐기물 가스화 발전사업 투입비 일부 환수"
전북 남원시 생활폐기물 가스화 발전사업에 투입된 비용 중 일부가 환수될 예정이다.
환수는 두 차례로 나눠 이뤄진다. 1차는 11일 인천지방법원의 최종 화해결정 후 31일까지 40억 원(환경부 17억6,000만 원, 남원시 22억4,000만 원), 2차는 연말까지 시설물 매각 결과에 따라 환경부와 남원시에 각각 정산될 예정이다.
이 사업은 한국환경공단이 2010년 한국환경산업기술원으로부터 '보급형 중소규모 생활폐기물 가스화 발전시스템 개발' R&D 과제로 수탁해 추진한 것이다. 공단은 시공사로 ㈜포스코플랜텍을 선정했다.
2010년부터 국고 63억8,600만 원, 남원시 66억 원, 공단 6억9,900만 원 등 총 136억8,500만 원이 이 사업에 투입됐다.
그러나 공단과 시공사 측이 가스화로 핵심기술 확보에 실패해 설비 가동이 불가능해 기술원은 사업에 대해 최종 '실패' 판정을 내렸다. 또 2016년 국회 환경노동위원회 국정감사와 환경부 감사 결과 많은 문제점이 드러나기도 했다.

플랜텍이 시도했던 여러 가지 국내외 EPC 사업 가운데 '남원 쓰레기 가스화 사업'처럼 전면 실패를 한 경우는 없다. 특히 전 직원이 몇 년 동안 밤낮없이 열심히 노력을 했고, 발주처에서도 최대한 도움을 주었던 것을 감안해 보면 애초에 성공할 수 없었던 사업이라고 해야 마땅할 것이다. 그런 점에서 남원 PJT는 여타 PJT와는 다른 점에서 많은 것을 시사한다. 특히 '아무리 열심히 해도 할 수 없는 일이 있다는 것'을 몸으로 다시 한번 느끼게 해 준 소중한 경험이라 할 수 있을 것이다. 이에 대해서는 플랜텍과 남원시, 환경공단의 소송을 가운데서 중재했던 이용호 의원(남원·임실·순창)이 인터뷰에서 밝힌 이야기를 참고할 만하다.

"중재가 이뤄져 불행 중 다행이지만, 남원시민의 혈세가 드는 일에 이런 불상사가 다시 일어나지 않도록 사전에 보다 철저하게 검증할 필요가 있다."

남원시가 아니라 플랜텍이 더 귀를 기울여야 할 충고가 아닐까 싶다.

■ 광양제철소 원료하역설비 10호기 프로젝트

　　플랜텍은 2015년에 '광양제철소 원료하역설비 10호기 공급 사업'을 수주했다. 포스코에서 발주한 EPC 일괄사업으로 사업기간은 2017년 12월 31일이었다. 사업 규모도 규모였지만, EPC 기업 전환을 선언한 플랜텍으로서는 모기업이자 발주처인 포스코에 그동안 갈고 닦은 실력을 보여줄 수 있는 하나의 시금석과 같은 의미를 가지는 사업이었다. 하지만 결과적으로 이 사업이 실패함으로써 플랜텍은 금전적인 손실은 물론 윤리적인 문제까지 겹치면서 이중 삼중의 보이지 않는 손실까지 떠안아야만 했다.

　　플랜텍은 이미 2007년에 사우디아라비아 킹압둘아지즈(King Abdul Aziz) 항구에 7개의 컨베이어라인과 트랜스퍼타워, 집진기 등 원료이송시스템을 설치·공급했고, 2009년에는 그동안 원료처리설비 중 벨트컨베이어 위주의 사업을 맡겨 왔던 포스코로부터 GTSU 하역설비를 수주하면서 원료하역설비와 이송설비 모든 부문의 엔지니어링 기술력을 인정받았던 터였다.

　　이처럼 국내외에서 쌓은 경험을 바탕으로 광양 원료하역설비 사업도 무난하게 완료할 것으로 예상되었고, 이를 바탕으로 EPC 전환도 박차를 가하게 될 것으로 기대를 모았다. 하지만 안타깝게도 사업은 예상 밖의 '실패'로 귀결되었다. 2017년 8월, 설비의 제작이 대부분 끝나고 목포 신항만에서 설비를 조립, 시운전을 하는 도중에 문제가 발생한 것이다. 8월 22일에 메인 붐(Main Boom) 회전 무부하 1차 테스트를 약 30°회전으로 완료했다. 성공적이었다. 그랬는데 8월 25일에 약 10°로 2차 선회 테스트를 하던 중 감속기 및 링 기어의 톱니가 파손된 것이다. 총 240개의 톱니 중 2개가 파손되었고, 6대의 기어 유닛 중 1대, 6대의 모터 중 2대가 파손되었다.

조사 결과 직접적인 사고 원인은 비교적 쉽게 찾아낼 수 있었다. 설정치 이상의 회전력이 작용했음에도 선회용 감속기(6대)에 조립된 TLC(Torque Limiter Coupling) 중 1대가 제대로 작동하지 않아 감속기 내부 기어가 파손되고 이와 맞물려 있는 링 기어의 톱니가 절손된 것이다. TLC란 모터 또는 감속기에 설정치 이상의 힘이 작용할 경우 그 힘을 없애거나 제어해서 장비를 보호하는 장치다.

조금 더 살펴보니 근본적인 원인은 2009년 1월 1일 이후 생산과 제조, 사용이 법적으로 금지된 석면(Asbestos)을 부품 재질로 사용했고, 일본 '쯔바키'사의 검증된 제품을 사용하기로 계약이 되어 있었으나 감속기 제작·조립업체에서 검증되지 않은 국내제품을 사용한 때문으로 나타났다.

피해 복구에 드는 손실 예상 비용은 지체보상금을 포함해 34.2억 원. 사고가 발생한 다음 달인 2017년 9월에 원인 제공자인 제작업체 쪽에 피해 보상을 요구했다. 비교적 사고 원인이 뚜렷하고 업체 쪽의 과실이 명확하기 때문에 피해보상을 받을 가능성이 높다. 하지만 피해보상과는 별개로 '광양제철소 원료하역설비 10호기 프로젝트'는 플랜텍이 풀어야 할 적지 않은 과제를 남겨주었다. 제작업체의 과실을 제때 발견해내지 못한 플랜텍 자체의 문제도 적지 않다는 것이 밝혀졌기 때문이다.

지난 9월, 플랜텍은 '광양제철소 원료하역설비 10호기 프로젝트'의 문제점을 낱낱이 분석하고 다음과 같은 자체 반성 결과를 내놓았다.

설계단계 : 전문설비에 대한 설비지식 부족

▷ 구입사양서 : TLC 등 전문 벤더 제품의 경우 기능과 메이커별 특성을 고려하여 사양을 선정할 것.

▷ 도면승인 : 벤더 제품 도면 승인 시 재질 등 전문 메이커별 특성 등 검증 과정을 강화할 것. → TLC와 같은 중요한 기계요소는 품질 우선으로 관리할 필요가 있다(사양 변경 불가).

설비발주 : 납품설비의 품질에 문제가 있는 업체는 발주단계에서 배제

▷ 해당 업체의 경우 발주단계에서 광양 2제강 감속기 품질 문제로 이슈화가 되어 있었음에도 걸러지지 않고 소싱 그룹으로 발주 의뢰되었다.

제작관리 및 납품 : 고객 만족 우선 의식 결여

▷ 기자재 제작 및 품질관리를 발주처인 포스코의 입장에서 적극적으로 관리할 것.

→ 최종 소비자[End User] 입장에서 원가가 추가되더라도 적극적인 관리체제로 진행함으로써, 중간 검사와 공장조립, 검사 등을 강화해야 한다.

▷ 하도급 납기변경을 자의적으로 해석하여 업무 절차를 어기지 말아야 한다.

▷ 납기 지연 시 지체상금을 부과하고 수선비용을 별도 지급하는 업무절차를 준수해야 한다.

시운전 단계 : 작업 표준화 미흡

▷ Pre-Commissioning 및 Commissioning에 대해 명확한 절차서가 없었다.

→ 시운전 절차서 표준화 용역 수행(DMC와 협업 진행 중)

보고서에도 잘 나타나 있는 대로 직접적인 원인은 제작업체 쪽의 불량자재 사용과 이에 따른 기기 불량이지만 이를 사전에 걸러내거나 제어하지 못한 것은 분명한 플랜텍의 잘못이다. 그리고 이런 잘못의 배경에는 '설비 시스템에 대한 지식 부족과 고객사와 하도사를 대하는 안일한 태도'가 큰 몫을 차지하고 있다.

하지만 '우문현답' 즉 '우리들의 문제는 현장에 답이 있다'고 했다. 문제에 대한 분석이 이뤄졌다는 것은 답을 찾아냈다는 뜻이고, 이는 실수에서 배운다는 기본자세가 이미 갖춰졌다는 것으로 봐도 무방하지 않을까 싶다.

물론 이와 같은 반성문 혹은 보고서가 자칫 사후약방문이나 '소 잃고 외양간 고치는' 일이 될 수도 있다. 하지만 보고서가 나온 날짜를 보면 상당한 의미를 발견할 수 있다. 사고가 난 날짜가 2017년 8월 25일인데, 보고서는 한 달 뒤인 9월 22일 날짜로 되어 있다. 한 달도 안 되는 사이에 사고 분석을 하고, 함께 머리를 맞대고 협의를 해서 문제점을 정리하고 향후 방향까지 제시한 것이다. 이런 속도와 의지라면, 비록 문제는 있었지만 향후 비슷한 문제가 다시 발생하지 않을 것이라는 믿음을 어느 정도 가져도 되지 않을까?

■ 알제리 Kais 저장탱크 불량자재 납품

플랜텍의 국내외 EPC 사업 실패 사례 가운데 '광양제철소 CSU 10호기 품질사고'와 비슷한 시기에 비슷한 문제를 드러낸 한 가지 사업이 눈에 띈다. '알제리 Kais 복합화력발전소 저장탱크 불량자재 납품 사고'(이하 알제리 저장탱크 불량자재 사고)다. 특히 본래 쓰기로 했던 자재 대신 임의로 사용한 불량자재가 원인이 되었다는 점에서 두 '사고'는 판박이처럼 닮았다.

하지만 '알제리 저장탱크 불량자재 사고'는 '광양제철소 CSU 10호기 품질사고'에 비해 사업 규모는 절반밖에 되지 않지만 사고 경위 및 원인을 살펴보면 자칫 플랜텍 전체를 위험에 빠뜨릴 수도 있었던 매우 큰 문제가 내재해 있었다는 점에서 더 주목할 만하다. 그것은 바로 '기업윤리'의 문제다.

'알제리 저장탱크 불량자재 사고' 내역을 살피다 보면 문득 떠오르는 한 편의 이야기가 있다. 바닷물을 막고 있는 둑에 난 구멍을 발견하고 밤새도록 팔뚝으로 막아 네덜란드를 구한 소년 영웅 한스의 이야기다. 그런데 재미있는 것은 우리나라의 경우 초등학교 교과서에도 실렸을 정도로 친숙한 이 이야기가 사실은 '네덜란드의 실화'가 아니라 '미국인이 쓴 동화'라는 사실이다. 그래서 네덜란드 사람들 가운데 이 이야기를 알고 있는 사람은 의외로 적다. 초등학교 교육의 주안점을 창의성이 아닌 '교훈'에 두다 보니 생긴 '웃픈' 현실 중 하나다.

어쨌든 이 동화가 '알제리 저장탱크 불량자재 사고'와 연결되는 지점은 바로 작은 구멍이 얼마나 엄청난 대형사고로 이어질 수 있는지를 보여주었다는 점 때문이다. 아쉽게도 하나는 영웅적으로 사고를 막았고, 하나는 '신뢰도 추락'이라는 정 반대의 결과로 나타났지만….

'알제리 저장탱크 불량자재 사고'는 2014년 12월부터 2017년 9월까지 알제리의 Kais 복합화력발전소에 필요한 저장탱크를 11개(7종) 제작 납품해 주기로 한 사업에서 발생했다. 발주사는 GS건설과 대림산업의 합작법인이고 총 계약금액은 60억 원, 인도 방식은 마산항 FOB(Free On Board)였다. 즉 플랜텍에서 완성한 탱크를 발주사가 지정한 선박에 적재해서 인도를 마칠 때까지 일체의 비용과 위험을 부담하는 조건이다.

이 때문에 무사히 탱크 제작을 마치고 인도한다 해도 영업이익이 크게 남는다고 보기 어려운 사업이었다. 하지만 플랜텍으로서는 EPC 전환과 영역 다변화를 위해 한번 시도해볼 만한 새로운 사업으로 판단했다. 하지만 안타깝게도 이 사업은 불량자재 납품으로 인한 실패로 귀결되었을 뿐만 아니라 일부 서류조작까지 밝혀지면서 플랜텍의 대외적인 신뢰도마저 땅에 떨어뜨린 최악의 실패사례 중 하나가 되고 말았다.

사고의 내용을 간략하게 정리하면 '탱크 지붕틀(Roof Truss)에 쓰일 형강류 일부를 발주사 요구 자재가 아닌 대체품으로 제작 납품했고, 이 과정에서 시험성적서(Mill Sheet)까지 위조했다'는 것이다. 불량 자재를 납품했을 뿐만 아니라 문서 위조까지 했으니, 금전적인 손실과는 전혀 다른 대형 참사였다.

내용을 조금 더 자세히 들여다보자.

공사 발주를 한 지 1년여가 지난 2015년 11월, 하도급사와 재하도급사에서 EN규격(유럽규격, European Standards)에 맞춘 'S355JR' 소량 다품종 형강류를 구매하기 어렵다는 요청이 들어왔다. 이에 플랜텍 프로젝트 책임자는 발주처에 확인하지 않고 자체 회의를 통해 사급자재로 전환 구입해주기로 합의했다.

2016년 1월부터 원자재 값이 올랐고, 이에 따라 실행예산변경 품의 지연으로 발주가 지연되었다. 당시 제작에 필요한 물량은 293톤. 하지만 EN규격의 S355JR 자재의 최소 주문량은 553톤이나 되었다. 그만큼 부담이 컸다. 이에 따라 현장 프로젝트 책임자는 2016년 3월에 발주사의 승인을 받지 않고 임의로 국내 범용자재인 'ASTM A36'으로 재질을 변경하여 발주했다. 게다가 자재 입고 시 자재의 재질을 S355JR로 허위 표기하여 자재검수를 받도록 재하도급사인 건림이피에스에 통보했다. 한마디로 하도급사와 재하도급사가 함께 서류를 조작해서 검사를 통과한 것이다.

물론 어떤 사건이나 마찬가지겠지만, 변명의 여지가 전혀 없는 것은 아니다.

하도사의 요청과 자체 분석을 통해 대체 자재를 쓰는 게 좋겠다는 결론을 내리고, 이에 대한 적정성 여부를 설계협력사(보산기술)에 검토 의뢰했고, 설계협력사에서는 사용 가능할 것이라는 의견을 보내주었기 때문이다. 하지만 설계협력사에서 강도 계산을 제대로 하지 않은 점, 그리고 발주사에 대체 자재 사용을 요청했으나 불가 회신을 받았음에도 불구하고 서류를 조작하면서까지 밀어붙였던 것은 변명의 여지가 없다.

결국 불량자재 납품으로 판명이 나면서 이 사업은 지체상금 포함 26.1억 원의 영업손실로 귀결되었다. 60억 원짜리 사업 치고는 엄청난 손실이 아닐 수 없다. 하지만 앞에서도 누차 밝힌 대로 더 큰 문제는 '서류 조작'에 따른 윤리의식 부재와 플랜텍의 신뢰도 추락이었다.

다행히 플랜텍은 '알제리 저장탱크 불량자재 사고' 문제 역시 '광양제철소 CSU 10호기 품질사고'와 함께 문제를 분석하고 대안과 방향을 제시함으로써 향후의 발전 가능성을 보여주었다. 플랜텍이 분석한 문제점은 다음과 같다.

프로젝트 책임자(PL)의 독단적인 판단에 따른 잘못된 의사결정으로 대외 신뢰도 하락
- 발주처로부터 대체 자재 사용 불가라는 회신을 받고도 PL이 임의로 자재를 구입, 제품을 제작한 후 시험성적서를 조직적으로 허위 작성
- 사업의 적자 때문에 타 프로젝트 예산을 전용토록 한 의사결정자들의 의식 문제
- PL 개인의 비윤리적 행위가 적발된 이후 1차 감사에서 시험성적서 허위작성을 밝히지 못함

제작품 품질관리에 대한 견제기능 부재
- PL의 비윤리적 행위를 견제할 조직과 시스템 부재

실행부서와 사업관리부서 사이의 커뮤니케이션 부재
- 원도급에 대한 계약변경 사항 발생 시 관리부서와 협업 부족

사업관리부서의 사전 프로젝트 진행사항 체크 기능 부실
- 계획 공정과 실제 공정 사이의 면밀한 차이 분석 등 부재

실행변경 사항 인지 후 즉시 회계반영 미흡
- 완료 예정 원가의 왜곡으로 경영층 판단이 늦고 회계 감사 시 회사 신뢰도 저하

네덜란드의 '한스' 소년은 작은 구멍을 미리 발견하고 '팔뚝'으로 이를 막은 덕분에 나라 전체를 위기에서 구해냈지만, 플랜텍은 '자재비용' 상승을 막으려는 현장 책임자의 작은 일탈을 막지 못해 대외 신뢰도 하락이라는 큰 위기를 맞게 되었다. 물론 현장 책임자도 할 말이 있을 테고, 그 나름 회사를 위한 선택이었을 것이다. 하지만 기업과 기업 간의 약속을 어긴 비윤리적 행위에는 어떤 변명도 통하지 않는다.

전화위복, 새옹지마라 하지 않던가. 어쩌면 플랜텍은 '알제리 저장탱크 불량자재 사고'를 계기로 작은 구멍까지 미리 발견하는 시스템을 구축하고 신뢰받는 기업으로 다시 태어날 수 있지 않을까 싶다.

실제로 플랜텍은 '광양제철소 CSU 10호기 품질사고'와 '알제리 저장탱크 불량자재 사고'를 계기로 다음과 같은 다짐을 도출했다.

○ 프로젝트 수행 시 항상 고객의 입장에서 바라보는 자세 유지
○ 표준화된 일하는 방식으로 프로젝트 품질 확보
○ 성공적인 프로젝트를 위해 직원들 설비지식 함양 선행
○ 중간관리자의 비윤리적인 독단적 의사결정 방지 방안 필요
○ 프로젝트 진행상의 문제점을 사전에 파악할 수 있는 체제 구축

지혜로운 사람은 우둔한 사람이 가장 나중에 하는 일을 즉시 해치운다.
- 발타사르 그라시안

제2부

가슴에 돋는 칼로 슬픔을 자르고

제2부 가슴에 돋는 칼로 슬픔을 자르고

워라언, 워라밸, 워라인

지혜로운 사람은 우둔한 사람이 가장 나중에 하는 일을 즉시 해치운다.
- 발타사르 그라시안

"요즘 좀 어떠세요?" 아마도 '식사하셨어요?'만큼 익숙하고도 식상한 인사다. 그러면서도 막상 답을 하기가 애매한 인사다. 직장인이건 자영업자건 대부분 "네, 그럭저럭." 하면서 말꼬리를 흐리기 십상이다. 특히 경기가 안 좋거나 장사가 안 될 때, 사업이 어려울 때는 참 답하기가 그렇다. 이럴 때 써먹을 수 있는 멋진 답변을 하나 소개한다.

예전에 잘 알고 지내던 한 출판인은 누군가 "요즘 사업이 좀 어떠세요?" 하고 물어보면 만면에 환한 웃음을 띠고 이렇게 답하곤 했다. "잘 되기 직전입니다!"

사실 그는 집을 담보로 빌린 돈마저 다 까먹고 처가에 손을 벌려서 근근이 사업을 유지하고 있는 형편이었다. 하지만 그는 한 번도 '어렵다'거나 '그럭저럭' 같은 애매한 표현을 하지 않았다. 그리고 10년쯤 지난 뒤 그가 경영하는 출판사는 베스트셀러와 스테디셀러를 연이어 내면서 이름만 대면 누구나 알 만한 대표적인 어린이·청소년 출판사로 성장했다.

2017년을 막 넘어가고 있는 시점에서 포스코플랜텍의 행보를 보고 있으면 당시 그 출판인의 이야기가 문득 떠오르곤 한다. 특히 2017년 12월 19일, 포스코플랜텍이 '가족친화우수기업'으로 인증을 받아 대통령 표창을 받았다는 뉴스를 보면서 문득 20여 년도 더 지난 그 출판인과 회사의 빛나는 성공 스토리가 떠올랐다.

가족친화우수기업으로 대통령 표창

잠시 〈매일경제〉가 전하는 수상 소식을 함께 보자.

현재 워크아웃 상태인 포스코플랜텍은 사업 구조조정, 신사업 발굴, 프로세스 개선 등 경영 정상화 작업을 하면서도 직원들이 '워라밸(Work and Life Balance·일과 일상의 양립)'을 맞출 수 있도록 조직문화 혁신 노력을 하고 있다고 회사 측은 강조했다. 직원들이 행복감을 느껴야 거래 상대방에게도 높은 가치를 제공할 수 있다는 생각에서다.

직원들이 행복한 직장·가정생활을 할 수 있도록 포스코플랜텍은 ▲휴식 있는 직장문화 조성 ▲직원과 그 가족의 건강 증진 ▲직원의 엔지니어링 역량 향상 등을 위한 다양한 제도를 운영하고 있다.

이 같은 제도를 운영한 결과 최근 외부기관이 수행한 조직문화 진단에서 직원 만족도가 지난해보다 크게 향상됐다. 이에 더해 올해 경영실적도 5년 만에 흑자로 전환했다. 가족친화경영, 행복경영 추진의 효과가 드러나고 있는 것이라고 회사 측은 말했다.

지난 2015년 6월, 포스코플랜텍의 위기 해결사로 전격 투입된 조청명 사장이 "3년 안에 워크아웃을 탈출하겠다."고 선언했을 때, 사내외를 막론하고 그 말을 곧이곧대로 믿는 사람은 많지 않았던 것이 사실이다. 대부분 신임 사장의 '인사치레' 정도로 받아들였다. 하지만 2년 반이 지난 지금 그의 말은 점차 '현실'이 되어가고 있다. 기사에서도 밝힌 대로 경영 실적도 5년 만에 흑자로 돌아섰고, 장기 플랜도 착착 진행되고 있다. "잘 되기 직전"이라는 얘기를 남들은 믿지 않았지만 스스로는 철석같이 믿었던 출판인처럼 조청명 사장 역시 자신의 선언에 믿음을 가지고 철저하게 플랜을 가동시켜 온 결과라 할 수 있다.

조청명 사장의 위기 탈출 플랜의 핵심이 바로 '행복경영'이고 중심 키워드는 '워라밸'이다. 워라밸은 Work and Life Balance의 줄임말로, 일과 생활의 균형을 말한다. 그리고 이를 위해 조 사장은 취임 초기부터 직원들의 정신교육과 직무교육에 많은 힘을 쏟았다. 그리고 2017년 5월 그동안의 여러 시행착오와 연구 결과, 설문 등을 토대로 '행복경영'의 시작을 알렸다.

회사가 백척간두, 풍전등화의 위기에 처했는데 돈을 벌어 빚을 갚을 연구를 해도 모자랄 시간에 정신교육과 직무교육이 웬 말인가 하며 사내외의 불평도 적지 않았다. 하지만 조청명 사장은 '행복한 직원이 행복한 고객을 만들고, 행복한 고객이 개인의 성장과 기업의 지속경영을 가능하게 한다'는 믿음으로 끝까지 밀고 나갔다. 그리고 그 결과가 서서히 나타나고 있는 것이다.

소와 말이 물에 빠졌을 때…

포스코플랜텍의 '행복경영' 정책은 얼마 전 한 정치인 덕분에 유명해진 '우생마사'(牛生馬死)라는 말을 떠올리게 한다.

'수영'에 있어서 말은 소보다 두 배 이상 뛰어난 실력을 지니고 있다. 그런데 큰물이 나면 얘기가 좀 달라진다. 말은 물살을 거슬러 죽기 살기로 헤엄을 치다가 결국 지쳐서 빠져 죽는 반면 소는 '아이쿠 저러다 물에 빠져 죽겠네' 할 정도로 물살에 몸을 맡기고 떠내려가면서 조금씩 얕은 물가로 이동하다가 발밑에 모래가 느껴지면 성큼성큼 그제야 힘을 내어 물살을 헤치고 땅 위로 올라선다. 아무것도 하지 않는 것처럼 보이지만 어느 쪽으로 가야 땅으로 올라설 수 있는지 멀리 바라보면서 물살의 흐름을 거스르지 않고 원하는 방향으로 몸을 움직여 나아가는 것이다.

누구나 위기에 처하면 당황해서 평소 잘하던 일들도 실수를 하게 되고, 하지 않아도 될 일을 하느라 힘을 빼기도 한다. 이럴 때 중요한 것은 '여기는 어디? 나는 누구?' 하고 사태를 정확히 파악하고 해야 될 일과 하지 말아야 될 일, 힘을 써야 될 일과 아껴야 될 일을 구분하는 것이다.

기업 경영도 마찬가지다. 워크아웃과 같은 위기 상황에 처했을 때 물에 빠진 말처럼 당황해서 평소 수영실력에 몸을 맡기면 결국 거센 물결을 이겨내지 못하고 익사하고 만다. 반면에 물살에 일단 몸을 맡긴 채 주변 상황을 면밀히 파악하면서 힘을 비축하면 언젠가 발밑에 땅이 느껴지는 순간이 온다. 그럴 때 비축되었던 힘을 쏟아 땅 위로 힘차게 올라서면 된다.

흔히 기업 경영에 있어서는 '강한 자가 살아남는 것이 아니라, 살아남는 자가 강한 것'이라는 표현을 자주 쓴다. 워크아웃과 같은 위기상황에서 이보다 더 적절한 용어를 찾기가 힘들 것 같다. 아마도 소는 위기상황에서 필요한 것은 강한 '힘'이나 '속도'가 아니라 '멀리 보는 시선'과 '태도'라는 것을 본능적으로 아는 게 아닌가 싶다. 그런 점에서 조청명 사장과 플랜텍의 행보는 호시우행(虎視牛行, 호랑이 눈에 소걸음. 즉 호랑이처럼 보고 소처럼 행동한다는 말로서, 신중하게 조심하며 일을 해 나간다는 뜻이다)이라 이름 붙여도 되지 않을까?

워라밸을 넘어 워라인으로

'워크아웃'에 접어들면서 플랜텍은 해외는 물론 국내 사업의 신규 수주에 있어서 제약이 많다. 생각지도 못한 '엉뚱한 사업'에 손을 대서 또 다른 화근을 만들지도 모른다는 우려 때문이다. 채권단 입장에서는 어쩌면 당연한 일이다. 이 때문에 플랜텍에 딱 맞을 듯한 좋은 아이템들도 지금은 '비축'만 할 뿐 나설 수 없다. 하지만 서두를 필요는 없다. '우생마사'의 교훈을 생각한다면 바로 이럴 때 물살에 몸을 맡긴 채 힘을 비축하면서 어디로 나아갈지 그 방향을 가늠해두면 된다. '행복경영'은 바로 그 시선을 정리하고 힘을 비축하는 과정이다. 그리고 그 중심에 있는 것이 바로 일과 생활의 균형을 이루는 워라밸(work life balance)이다. 워라밸의 반대편에는 일과 생활의 균형을 잡지 못하고 방황하는, 워라언(work life unbalance)이 있다. 대부분의 직장인들이 속해 있는 그룹이다.

'가족친화우수기업 인증 대통령 표창'은 플랜텍이 그동안 힘써 온 행복경영과 워라밸에 대한 객관적인 평가다. 많은 임직원들이 '대통령 표창'이라는 무게보다 '가족친화우수기업'이라는 '가치'를 더 강조하는 이유다.

그리고 이제 대통령 표창을 계기로 플랜텍은 워라밸에서 한 단계 더 나아가고자 한다. 그것은 바로 워라인(work life integration)이다. 일과 생활의 균형을 넘어 통합을 이루는 것이다. 일이 곧 생활이 되는 70년대, 80년대식 '일벌레'를 만들자는 것이 아니라 '내가 좋아하는 일', '내가 하고 싶은 일'을 하면서 생활이 곧 일이 될 수 있는 단계를 말하는 것이다.

물론 워라밸도 확실히 이루지 못한 상태에서 섣불리 목표로 삼을 일은 아니다. 더구나 플랜텍을 둘러싼 주변 환경도 아직은 이런 정도로 맞춰져 있지 않다. 하지만 눈은 언제나 높은 곳을 바라봐야 하지 않겠는가.

'눈은 높게. 그러나 발은 땅에!'

이제 플랜텍이 지난 2년여 동안의 성과를 바탕으로 시행하고 있는 '행복경영'의 실체를 찾아 한 발 더 들어가 보자.

직장인도 행복할 수 있다? 없다?

성공은 당신이 원하는 걸 얻는 것이고, 행복은 당신이 얻은 것을 원하는 것이다.
- 데일 카네기

개인과 회사가 함께 성장하는 경영

요즘 사회적으로 큰 논란이 되고 있는 문제 중 하나가 버릇없는 아이들을 받지 않는 카페나 식당 등을 일컫는 이른바 '노키즈 존'이다. 찬성과 반대 입장이 워낙 뚜렷한 데다 개인 사업장의 문제라 정부에서도 딱 잘라 어떤 결론을 내리기는 어려운 모양이다. 어쨌든 예전에 비해 공공 장소에서 마구 뛰어다니거나 소리를 지르거나 물잔을 엎지르는 등 '비매너' 어린이들이 늘어난 것은 사실이고, 이를 '사랑'이라는 이름으로 무턱대고 감싸는 일부 몰지각한 부모도 있는 게 사실이다. 아이들이 한 집에 많아야 한둘이다 보니 생긴 현상이라는 분석도 있고, 사회가 너무 개인화되어서 생기는 부작용이라는 말도 있는 것 같다.

원인 분석과 해결법은 전문가나 정부에 맡기기로 하고, 얘기를 다시 포스코플랜텍으로 돌려보자.

포스코플랜텍의 내부 사정을 자세히 모르는 입장에서 '행복한 직원이 행복한 고객을 만들고, 행복한 고객이 개인의 성장과 기업의 지속경영을 가능하게 한다'는 행복경영의 철학을 듣고 있으면 자칫 우려를 할지도 모르겠다. 노키즈 존 논란을 일으키는 '일부' 몰지각한 아이들처럼 직원들의 '독기'를 빼고 괜한 허영심을 부추기는 게 아니냐는 우려 혹은 걱정 말이다. 특히 워크아웃 상태의 기업이 '행복경영'이라니, 현실을 너무 모르는 것 아니냐는 타박을 할지도 모를 일이다. 하지만 그 내용을 자세히 들여다보면 그런 걱정이 괜한 기우라는 것을 금세 알 수 있다. 어느 날 갑자기 최고경영자의 머리에서 툭 튀어나온 '개념'을 붙들고 외피를 만들어가는 게 아니라 상당한 기간 동안 연구하고, 설문조사를 하고, 시범사업을 거치면서 하나씩 정돈해온 개념이기 때문이다.

플랜텍의 조직표에는 미래창조센터 내에 조청명 사장이 부임한 후 새로 만들어진 그룹이 하나 있다. 바로 혁신그룹이다. 조 사장의 행복경영을 철학적으로 정리하고, 이를 시스템으로 만들어 실천하는 곳이다. 행복경영뿐 아니라 조직혁신과 관련한 각종 아이디어들이 모이고, 정리되고, 다시 전파되는 곳이기도 하다.

혁신그룹에서 만들어 전 직원이 공유하도록 하고 있는 '행복경영 추진계획' 보고서에는 조청명 사장의 철학이 잘 정리되어 있다.

먼저 행복경영 철학의 바탕에는 크게 세 가지 개념이 자리하고 있다는 것을 알 수 있다.

1. "기업이 성공하기 위해서는 기업의 목적, 수단, 방법이 모든 이해관계자의 행복추구에 있어야 한다."
2. "행복경영은 무턱대고 잘해주는 것이 아니라 따뜻하면서 엄격한 몰입을 통해 개인과 회사가 함께 성장해 나가는 것이다."
3. "버스에 태울 만한 적합한 사람을 태워 그들을 행복하게 해 주는 것이다."
- 조영탁의 〈행복경영〉, 가재산의 〈왜 행복경영인가〉 가운데서 발췌

이 개념들을 정리해보면, 행복경영이란 무작정 모든 직원들을 행복하게 해주자는 것이 아니다. 일단 함께 '버스에 태울 만큼' 가치를 공유하는 직원들이 그 대상이며 '기업의 목적과 수단·방법'을 통해 직원과 고객이 함께 행복해야 한다. 그리고 '따뜻하면서 엄격한 몰입을 통해 개인과 회사가 함께 성장'할 수 있어야 한다.

플랜텍에서는 이런 개념을 바탕으로 행복경영을 다음과 같은 하나의 그림으로 정리해서 전 직원이 공유하도록 하고 있다. 그림을 보면 알겠지만, 행복

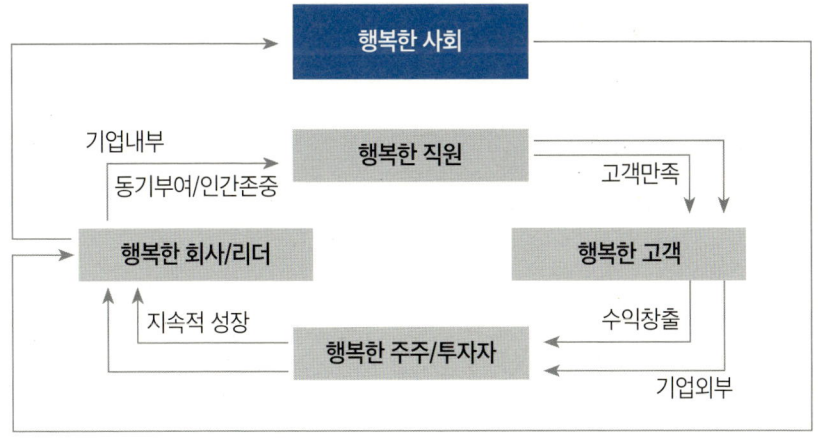

한 직원-행복한 회사-행복한 고객이라는 플랜텍의 행복경영이 궁극적으로 지향하는 것은 바로 '행복한 사회'다.

워라밸을 향한 첫걸음, 정시 퇴근

혁신그룹은 우선 '행복경영'의 철학적 토대를 만들기 위해 기존의 설문조사 자료 및 언론 보도에 나타난 직장인들의 요구사항을 정리했다.

먼저 국내에서 '일하기 좋은 기업'으로 잘 알려진 마이다스 아이티, 유한킴벌리, 서린바이오사이언스, 세트렉아이, 필룩스 등의 사례를 살펴본 결과 방식은 모두 제각각이었지만 결국 지향점은 '일과 삶의 균형을 통한 행복경영'인 것으로 파악되었다.

그런 다음 국내 근로자들이 '행복경영'에서 가장 중요하게 생각하는 요소가 무엇인지 살펴본 결과 업무방식 개선과 업무량 조절, 정시 퇴근 등으로 파악됐다. 이를 다시 좀 더 세분화해서 살펴보면 '초과근로 단축을 위해 필요한 요인'으로는 업무방식 개선이 23.4%, CEO의 의지가 22.4%, 업무량 조절이 15.3%로 나타났다. 그리고 '근무혁신을 위한 조건'으로는 정시 퇴근이 55.5%로 압도적으로 높았고, 유연근무(44.5%)와 업무집중도 높이기(35.4%)도 상당히 높게 나타났다(동아일보 2017년 3월 9일자 참조. 중복응답 허용). 역시 결론은 '워라밸'이었고 그 첫걸음은 '정시 퇴근'이라는 결론이 도출되었다.

실제로 오후 6~7시 사이에 소등을 하거나 PC를 끄게 하는 등 정시 퇴근을 시행하고 있는 SK와 LG전자, 대상, LG생활건강, 이마트, 홈플러스, 한국야쿠르트, 기획재정부 등은 직원 만족도 상승과 업무 몰입도 상승 및 매출 증가 등의 긍정적인 효과를 거둔 것으로 나타났다.

혁신그룹의 조사 결과는 상당한 근거가 있는 것이었지만, 본격적으로 시행하기 전에 거쳐야 할 한 가지 단계가 더 남아 있었다. 그것은 외부가 아닌 내부 고객 즉 플랜텍 직원들의 인식과 상황은 과연 어떠한가를 파악하는 일이었다.

혁신그룹은 이를 위해 2017년 3월 2일부터 3월 8일까지 전 직원을 대상으로 자아성취 욕구와 동기부여, 주변 여건 등을 설문조사했다. 그 결과는 '일을 잘하고 싶은 자아성취 욕구는 높지만(80점/100점) 내적 동기부여의 부족과 주변 여건으로 인해 행복감은 상대적으로 낮은 상태(65점/100점)'로 파악되었다.

행복감이 낮은 이유는 일에 대한 의미 부족, 고민을 나눌 사람이 적음, 상사나 경영진에 대한 낮은 신뢰, 전문성 부족 등이 꼽혔다.

설문조사와 함께 플랜텍은 '경영지원실'을 대상으로 정시 퇴근을 시범 실시했다. 이에 따라 매일 오전 10시부터 12시까지 업무집중시간을 운영하고, 오후 6시 반까지 전 직원이 퇴근을 하도록 독려했다. 그룹별로 활동 담당자를 선정해서 정시 퇴근을 체크하는 등 퇴근율을 관리했다. 4월 12일까지 한 달 동안 시범운영을 해 본 결과는 상당히 긍정적이었다. 우선 정시 퇴근을 하기 위해 근무시간 중 업무집중도가 높아졌고, 퇴근 후 가족과 함께하는 시간이 늘어남으로써 긍정적인 반응이 많았다. 하지만 부작용도 없지 않았다. 아직 정시 퇴근이 익숙하지 않은 상태에서 근무시간 내 미처리 업무가 자주 발생하고 이 때문에 조기 출근 또는 초과근무를 하는 현상이 나타났다. 또 특정 시기에 업무량 증가로 과부하가 걸리는 일이 생기기도 했다.

하지만 전반적으로 보아 정시 퇴근은 행복경영의 첫걸음이라는 것이 실제적인 효과로 나타났다. 아울러 앞에서도 밝힌 바와 같이 국내 여러 기업의 사례도 긍정적인 것으로 나타났다. 이에 따라 플랜텍은 정시 퇴근을 각 그룹으로 순차적으로 늘려나가면서 전반적으로 확대할 계획이다.

아직 워크아웃 상태를 벗어나지 못했지만 플랜텍 직원들은 우선 '저녁이 있는 삶'을 통해 행복경영의 한 조각을 맛보고 있는 중이다.

[설문지 _ 2017년 행복지수 진단결과 보고 9쪽]

카테고리	구성요소	문항번호	내용	매우 그렇다	그렇다	보통이다	그렇지 않다	매우 그렇지 않다	유효성 문항	비고
마음의 건강	긍정감성	1	나는 현재 회사생활이 즐겁고 행복하다고 생각한다	⑤	④	③	②	①		
		10	나는 스스로 나의 업무에 최선을 다한다고 생각한다	⑤	④	③	②	①		
		19	나는 나 자신에 대해 긍정적이다	⑤	④	③	②	①		
	부정감성	2	나는 내가 지금 하고 있는 일이 종종 의미가 없고 하찮은 것이라 느낀다	⑤	④	③	②	①	O	역질문
		11	나는 스스로 행복하지 않다고 느낄 때가 많다	⑤	④	③	②	①		역질문
		20	나는 내 주변의 동료들이 어쩔 수 없이 일을 하고 있다고 생각한다	⑤	④	③	②	①		역질문
	에너지	3	나는 근무시간에 에너지가 넘친다	⑤	④	③	②	①		
		12	나는 근무시간에 몰입하여 열정적으로 업무를 수행한다	⑤	④	③	②	①		
		21	나는 주변사람들에게 활동적이라는 말을 자주 듣는 편이다	⑤	④	③	②	①		

카테고리	구성요소	문항번호	내용	매우 그렇다	그렇다	보통이다	그렇지 않다	매우 그렇지 않다	유효성 문항	비고
상호지원	자아탐색	4	나는 회사에서 일을 하는 것은 나에게 좋은 결과를 가져온다고 생각한다	⑤	④	③	②	①		
		13	나는 내 인생에서 해야 할 일들을 잘 하고 있다고 느낀다	⑤	④	③	②	①		
		22	나는 나의 미래 계획 달성을 위해 일을 하는 것이 좋다	⑤	④	③	②	①		
	직장 내 관계	5	나는 나의 상사나 경영진을 신뢰한다	⑤	④	③	②	①		
		14	나는 나의 동료와의 관계에 만족하는 편이다	⑤	④	③	②	①		
		23	나는 회사의 직원들에 대해 깊은 동료애를 느낀다	⑤	④	③	②	①		
	직장 외 관계	6	나는 가족 또는 동료들과 개인적인 대화를 즐기는 편이다	⑤	④	③	②	①		
		15	나는 내 걱정을 나눌 수 있는 사람들이 많다	⑤	④	③	②	①		
		24	나는 나의 주변사람들을 신뢰하는 편이다	⑤	④	③	②	①		
의미와 성장	업무의 의미	7	나는 내가 하고 있는 일이 가치 있는 일이라 생각한다	⑤	④	③	②	①	O	
		16	나는 내가 지금 하고 있는 일을 통해 인생의 많은 부분을 얻고 있다	⑤	④	③	②	①		
		25	나는 지금 나의 직장이 내 인생에서 중요한 의미를 가진다고 느낀다	⑤	④	③	②	①		
	업무 자신감	8	나는 나에게 주어진 일을 반드시 완수할 수 있다고 믿는다	⑤	④	③	②	①		
		17	나는 내가 맡은 업무에 전문성을 갖고 있다고 생각한다	⑤	④	③	②	①		
		26	나는 도전하는 것을 두려워하지 않는다	⑤	④	③	②	①		
	성취 욕구	9	나는 내 시야를 넓힐 수 있는 활동에 관심이 많다	⑤	④	③	②	①		
		18	나는 나에게 주어진 업무를 반드시 완수하기 위해 많은 노력을 한다	⑤	④	③	②	①		
		27	나는 나의 성장이 회사의 성장을 가져올 것이라 생각한다	⑤	④	③	②	①		

젊은이처럼, 전문가처럼, 한 가족처럼

행복의 원칙은 첫째, 어떤 일을 잘할 것! 둘째, 어떤 사람을 사랑할 것!
셋째, 어떤 일에 희망을 가질 것!
- 칸트

자유와 의미 그리고 관계

플랜텍 행복경영은 크게 3대 요소로 나눌 수 있다. 자유(자율)와 의미, 관계(신뢰)가 그것이다.

'젊은이처럼'이라는 부제를 달고 있는 자유는 젊은이처럼 의식이 자유롭되 '어른'으로서 무엇이든 스스로 자율적으로 판단할 수 있어야 한다는 뜻을 담고 있다. '전문가처럼'이라는 타이틀을 가지고 있는 '의미'는 말 그대로 전문가처럼 '일'을 통해 보람을 찾고 자기계발을 하라는 뜻을 담고 있다. 마지막으로 '관계'는 한 가족처럼 서로 믿고 의지할 수 있는 동료와 회사를 만들어 나가자는 뜻을 담고 있다.

전체적으로 정리하자면 젊은이처럼 자유로우면서도 자율적인 의지를 가지고 있는 '나'를 '전문가처럼' 자기계발을 하고, 일 속에서 한 가족처럼 서로 믿고 의지할 수 있는 회사를 가꿔 나가자는 것이 바로 행복경영의 3대 요소인 셈이다.

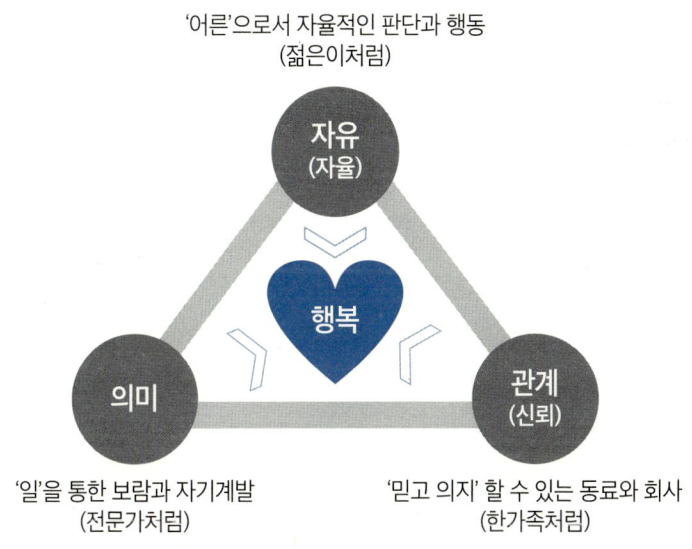

누구나 아는 얘기지만, 네잎 클로버가 행운을 뜻하는 반면 세잎 클로버는 일상의 행복을 뜻한다. 그래서 '행운'을 찾느라 클로버 밭을 헤매는 사람에게는 '일상의 행복을 짓밟아버리는 우를 범하지 말라'는 충고가 꼭 필요하다.

플랜텍에서 정리한 행복경영의 3대 요소 도식은 모양도 마침 세잎 클로버를 닮았을 뿐 아니라 그 개념도 '뜻밖의 행운'이 아닌 '일상의 행복'에 가깝다. 행운은 우연의 요소가 강하지만 행복은 대부분 노력의 결과이기 때문이다.

5가지의 마음챙김+6가지 제도 개선

　　행복경영의 3대 요소는 다시 11개의 구체적 프로그램으로 세분화되어 실행된다. 어쩌다 한 번씩 해 보는 이벤트가 아니라 1년 365일, 그리고 올해도 내년에도 후년에도 지속되는 정신운동이자 실천운동인 셈이다.

　　11개의 프로그램은 우선 5가지의 '마음챙김'과 6가지 '제도 개선'으로 나뉘진다. 이 가운데 제도 개선은 다시 '자유'와 '의미', '관계' 분야마다 2개씩 총 6개의 프로그램이 운용되고 있다.

　　먼저 5가지 마음챙김 프로그램 가운데 가장 첫머리를 차지하는 것은 조기 경영정상화 달성을 위해 지난 2016년부터 시행하고 있는 'Action 3.2.1' 운동이다. 그 내용을 간단하게 정리하면 하루 3번 감사 나누기 · 주 2회 학습활동 · 월 1회 독서 감상문 쓰기 등이다. 이 가운데 하루 3번 감사 나누기는 전용 앱을 내려 받는 등 80% 이상의 직원이 참여하고 있을 정도로 호응도가 높다. 또 일주일에 두 번, 근무시작 전 50분간 실시하고 있는 기본 실무교육은 포스코 SZ(공통기술사양), 외자계약 표준, 프로젝트 설계표준 절차를 비롯해 요소기술 및 핵심설비 교육으로 EPC 역량 제고에 큰 도움이 되고 있다. 뿐만 아니라 각 분야별 전문가로 거듭나기 위한 다양한 학습기회가 되고 있다.

　　'Action 3.2.1'과 더불어 행복캠프와 사외강사 초청 행복특강이 정기 · 비정기적으로 열리고 있으며 '리더 계층'을 대상으로 하는 'Individual care'와 기존에 진행하던 건강관리 등이 '마음챙김' 프로그램을 구성하고 있다.

　　6개의 제도 개선 분야는 우선 '자유'(젊은이처럼) 부문에서는 권한 위양 확대와 근무 · 휴가제도 개선 등이 이뤄지고 있다. 그리고 '의미'(전문가처럼) 부문에서는 성과공유제 도입과 직무역량 향상 프로그램, 플랜텍 EPC 아카데미

구 분	제도개선	마음챙김
자 유 '젊은이처럼'	근무·휴가제도 개선 권한 위양 확대	Action 3.2.1 지속 행복캠프 운영 Individual care 건강관리 프로그램 운영 행복초청 특강
의 미 '전문가처럼'	성과공유제 도입 직무역량향상 프로그램 운영 플랜텍 EPC 아카데미 운영	
관 계 '한 가족처럼'	동호회 활동 활성화	

가 진행되고 있다. 마지막으로 '관계'(한 가족처럼) 부문에서는 동호회 활동 활성화로 그 의미를 살리고 있다.

행복경영발전연구회 발족으로 지속가능한 행복경영

　세상을 살아가다 보면 똑같은 일을 보고 전혀 다른 반응을 나타내는 사람을 보고 깜짝 놀랄 때가 제법 있다. 정치나 종교 문제는 으레 그렇다 치더라도 같은 음식을 먹고 대부분 맛있다고 하는데 "나는 별로"라고 하는 사람이 있다거나, 누구에게나 사랑받는 사람을 유난히 껄끄러워 하는 사람도 한 명쯤 있게 마련이다. 오죽하면 '나막신 장수와 짚신 장수를 아들로 둔 노파'의 이야기도 있지 않은가. 비가 오면 짚신 장수 아들이 안쓰럽고, 날이 쨍하면 나막신 장수 아들이 걱정된다는 노파의 이야기는 결국 모든 사람을 100퍼센트 만족시키는 사람이나 상황, 결정은 없다는 것을 뜻하는 것 아니겠는가.

　이제 막 궤도에 올라서고 있는 포스코플랜텍의 행복경영 역시 마찬가지다. '대통령 표창'을 받을 정도로 외부적으로 인정을 받고 있지만 행복경영이 모든 직원을 행복하게 만들어주는 것은 아니기 때문이다. 그렇다고 해서 '우리끼리'만 행복경영을 해나간다면 그것도 안 될 말. 명색이 '행복'을 위한 프로그램인데 최대한 모든 직원이 행복을 느낄 수 있도록 방안을 찾아야 하지 않겠는가.

우선 행복경영에 대한 전 임직원의 반응을 체크해 본 결과 경영진과 보임자, 주관부서, 일반 직원들의 입장이 다소 차이가 있다는 것을 알게 되었다.

우선 조청명 사장을 비롯한 경영진의 입장은 '행복한 직원이 행복한 고객을 만드는 선순환 고리 형성을 위한 행복경영을 지속 가능한 방법으로 운영해야 한다'는 입장이 확고했다. 직책을 맡고 있는 보임자들 역시 행복경영을 지속해야 한다는 점에 대해서는 동의하지만 내용에 대해서는 조금 더 실제적이고 적극적인 것을 원했다. 즉 회사의 성과 창출에 기여할 수 있는 활동 중심으로 전개하자는 것이었다. 또한 내부 여건을 고려해서 많은 프로그램을 운영하는 것보다는 임팩트가 있는 핵심활동을 위주로 전개하자는 입장을 보였다.

반면에 일반 직원들의 입장은 많이 달랐다. 가장 중요한 요청 사항은 '실제 피부에 와 닿는 활동'과 '워크아웃 졸업을 통한 안정적인 근무환경, 일과 가정의 균형 있는 생활 보장'이 필요하다는 것이었다. 이외에도 상사의 눈치를 보지 않고 자율적으로 참여할 수 있는 분위기 조성이 필요하다는 의견도 많았다.

주관부서에서는 일단 임직원들의 입장을 모두 취합, 분석했다. 그리고 행복경영의 목적에 대한 직원들의 올바른 이해와 마인드 제고로 일하는 방식이 근원적으로 변해야 한다는 원칙적인 입장에서 이벤트성 활동보다는 지속 가능한 행복경영 프로그램을 전개해야 한다는 결론에 도달했다. 아울러 지속적으로 임직원들의 의견을 청취하고 수시로 프로그램에 반영할 수 있는 시스템이 필요하다는 것을 확인했다. 이런 과정들이 살아 있지 않으면 결국 행복경영은 어느 순간부터 '강제적인' 구호나 단순한 관행처럼 변질될 것이 뻔했다. 솔로몬의 지혜와 같은 해결책이 필요했다.

바로 이런 문제를 해결할 수 있는 솔루션으로 지난 7월에 문을 연 기구가 바로 행복경영발전연구회다. 한마디로 '직원들의 의견을 반영한 실질적이고 효과적인 행복경영 활동 추진'이 행복경영발전연구회의 목표인 셈이다.

전체 구성은 경영지원실장(챔피언)과 혁신그룹장(간사) 아래에 직원들의 의견을 수렴하는 대의기구와 제도를 개선하는 추진그룹, 마음챙김을 운용하는 Change Agent 등으로 이루어져 있다.

수백 명이 함께 꾸려나가는 거대 조직이 똑같은 목소리를 내고, 똑같은 입장을 견지하는 것은 쉽지 않은 일이다. 아니, 불가능한 일이다. 하지만, 그럼에도 한목소리를 내면서 한길로 가야 하는 것이 조직의 생리이자 생존법이다.

[행복경영발전연구회]

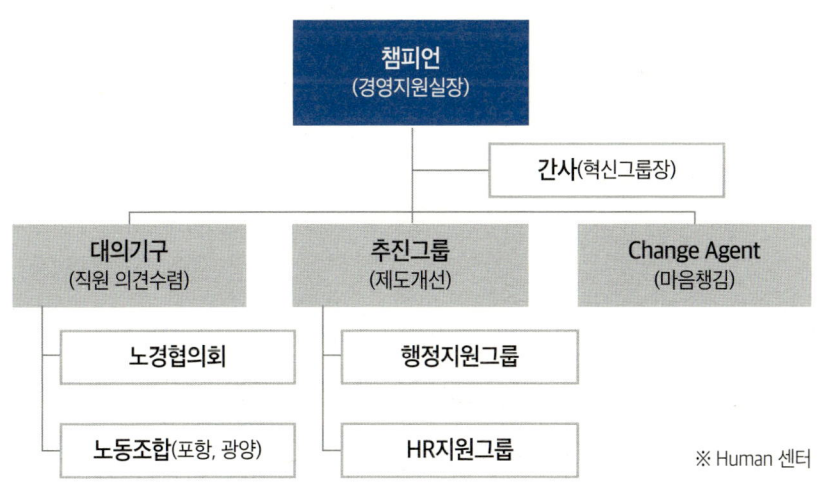

조청명 사장의 취임 2주년을 맞아 본격적으로 막을 올린 플랜텍의 행복경영 시대, 그리고 미션 완수를 위해 조직된 행복경영발전연구회가 과연 어떤 성과를 거둘지 지켜보는 눈들이 적지 않다. 그것이 바로 플랜텍의 미래를 결정짓게 되리라는 것을 다들 알고 있기 때문이다.

배우고 때때로 익히면 또한 기쁘지 아니한가

교육은 과거의 가치전달에 있는 것이 아니라 미래의 새로운 가치 창조에 있다.
- 존 듀이

경영정상화를 향한 플랜텍의 여러 가지 시도는 크게 보면 세 가지 방향에서 이뤄지고 있다. 하나는 의식과 생활의 개혁이고, 둘째는 직무능력 강화, 셋째는 부채 탕감과 신사업 발굴 등이다. 세 가지 방향은 따로 또 같이 진행되면서 서로서로 밀고 당겨주는 상호 보완적인 역할을 해준다.

의식과 생활의 개혁은 앞서 살펴본 '행복경영'이 중심이다. 회사의 일과 가정과 일상생활이 서로 균형을 이루는 행복한 직장생활을 함으로써 업무 집중력을 높이고, 회사 역시 행복하게 만들어 나가자는 의식 개혁 운동이다. 하지만 '의식'의 개혁만으로 행복한 회사 생활을 보장할 수는 없다. 자신의 자리에 걸맞은 '능력'이 뒷받침되지 않는다면 아무리 좋은 구호도 공염불이 되기 십상이다.

플랜텍 역시 그런 점을 잘 알고 있다. 그래서 행복경영을 위한 또 다른 바탕을 만들기 위해 개개인의 능력을 극대화할 수 있는 직무 교육을 그 어느 때 보다 강화하고 있다. 특히 EPC 회사로의 전환이 이미 이루어진 상황에서 그에 맞는 능력을 갖추지 못하면 도태의 길로 접어들 수밖에 없다는 것을 플랜텍은 잘 알고 있다. 또한 직무능력 강화 역시 멀리 보면 '행복경영'의 길로 가는 큰 걸음이고 부채 탕감과 신사업 발굴의 바탕이기도 하다.

워크아웃 졸업 후의 경쟁력 확보

크든 작든 대한민국의 기업들에서는 1년 내내 교육이 이뤄진다. 정신교육도 있고, 업무교육도 있고, 외국어 교육도 있다. 그런데 대부분의 직장인들이 건성으로 참여한다. 경영진이나 교육 담당자들은 '꼭 필요한 교육'이라고 판단하고 많은 비용을 들여서 준비하지만 정작 직원들은 별 필요를 느끼지 못한다. 간혹 사내 교육 덕분에 정신이 번쩍 들었다거나 새로운 인생을 살게 되었다는 '전설 같은 이야기'들이 없는 것은 아니지만 대부분 '의무방어' 차원에서 참석하는 형편이다. 교육을 받지 않으면 안 된다는 '절실함'이 없기 때문이다.

하지만 플랜텍은 사정이 많이 다르다. 워크아웃을 탈출해야 한다는 뚜렷한 목표가 정해져 있다. 게다가 EPC 회사로의 전환이 채 완료되지 않은 상태이기 때문에 막상 워크아웃을 탈출한다 해도 회사의 '먹거리'를 해결하기 위해서는 EPC 역량 강화가 필수다. 그만큼 절실하다.

2017년은 조청명 사장이 취임 당시 "3년 안에 워크아웃 졸업하겠다."고 선언했던 바로 그 3년차 임기가 시작되는 해이다. 이미 적지 않은 가시적 성과를 보여주고 있지만 워크아웃 졸업을 위해서는 보다 더 확실한 '무엇'이 필요했다.

게다가 워크아웃 졸업 이후의 미래도 준비해야 하지 않겠는가. '행복경영'을 위한 프로그램과 별도로 '실질적인' 교육이 필요했다.

포스코플랜텍의 2017년 교육은 그렇게 직원과 회사 그리고 사장까지, 전 임직원의 '절실한 필요'에 의해 만들어졌다.

우선 '플랜텍'이라는 기업의 비전을 정리했다. 아직은 부족하지만, 앞으로는 누구나 믿고 맡길 수 있는 듬직한 EPC 기업, 즉 'Reliable EPC Plant Partner'가 바로 2017년 플랜텍의 비전이다. 그리고 '워크아웃 졸업 후의 경쟁력 확보를 위해 교육 프로그램 재정립'을 2017 교육의 지향점으로 잡았다. 이를 위해 2017년의 중점 학습목표를 다음과 같이 세웠다.

제철설비 전문 엔지니어 육성
→ EPC 전문역량 보유 업체로 신속한 변화 도모

핵심가치 실천을 위한 리더역량 모델링
→ 리더십 교육 프로그램 재정립

상시 학습문화 정착
→ 스터디 그룹 운영, 전문 사내강사 양성

여기서 눈에 띄는 부분은 '리더십 향상'과 '상시 학습문화 정착' 항목이다. 업무에 꼭 필요한 직무교육을 하면서도 가치경영에 함께할 수 있는 리더십을 교육하고, 학습 분위기가 상시적으로 정착될 수 있도록 함으로써 교육의 질과 지속성을 한층 강화하고자 하는 것이다.

이렇게 실제 필요에 의한 교육이 이뤄지게 됨으로써 참여율은 자연스럽게 높아지고, 현장에서의 적용도 그만큼 빨라지게 된다.

배울 학(學)과 익힐 습(習) 두 개의 글자로 이뤄진 '학습(學習)'이란 단어는 배우는 것뿐만 아니라 몸으로 익히는 것까지를 포함한다. 한마디로 단순한 '암기교육'이나 일방적인 주입식 교육이 아니라 배운 것을 스스로 실천해 보아야 진정한 '학습'이라 할 수 있는 것이다. 그런 점에서 플랜텍의 교육 프로그램은 단순한 교육이 아니라 '학습'의 의미를 이미 그 안에 내포하고 있다고 할 수 있다.

배우고 때때로 익히면 또한 기쁘지 아니한가!

엔지니어 육성방안

이제 직무 교육 내용을 구체적으로 하나씩 살펴보자. 우선 손꼽을 수 있는 것은 플랜텍이 EPC 전문기업으로 거듭나기 위한 엔지니어를 육성하는 교육이다. 교육의 지향점은 '중장기 단계별 중점 목표 선정으로 직무학습 실행력을 강화'하는 것이다. 한마디로, 당장의 먹거리뿐 아니라 미래에 무엇을 할 것인가까지 염두에 둔 교육이라는 얘기다. 이에 따라 설계와 실행 분야로 나누어 2017년부터 2019년까지 3개년 교육의 목표를 미리 설정하고 차근차근 진행하고 있는 중이다.

먼저 설계 분야에서 2017년의 목표는 '요소기술/공종별 핵심역량 확보'다. 현재 포스코로부터 확보한 Captive 물량을 제대로 소화해내기 위한 즉시전력용이다. 그리고 2018년에는 '핵심설비별 전문역량 확보'로 목표가 조금 상향되고 2019년에는 '철강전문 FEED 인재 양성'으로 진행된다. FEED란 'Front End

Engineering Design'의 줄임말로 프로젝트를 확정하기 전에 프로젝트 기간과 비용, 기술사와 사업주의 요구사항을 설계에 반영하는 단계를 말한다. 말 그대로 매우 높은 수준의 전문 역량이 필요한 부분이다.

실행 부분의 교육도 마찬가지 구조로 짜여 있다.

2017년의 학습목표는 제철설비 PM(Project Manager)역량 확보다. 역시 포스코의 Captive 물량을 염두에 둔 교육이다. 그리고 2018년에는 '신사업 프로젝트 PM 역량 확보'로, 워크아웃 졸업 이후의 신사업 진출을 염두에 두었다. 2019년은 여기서 한 발 더 나아가 '해외 프로젝트 PM 역량 확보'에 초점이 맞춰져 있다.

물론 모든 것이 뜻한 대로 되지 않을 수도 있고, 중간에 어떤 변수가 작용할지는 알 수 없다. 하지만 적어도 현재 플랜텍이 그리고 있는 큰 그림은 조청명 사장이 선언한 대로 '3년 안에 워크아웃 졸업'에 맞춰져 있고, 교육 역시 큰 그림을 완성할 수 있는 기술적 역량을 확보하는 데 초점이 맞춰져 있다. '행복경영'이 공허한 메아리가 되지 않도록 나름 촘촘한 시스템을 만들어 직원들을 차근차근 교육시켜 나가고 있는 것이다.

핵심가치 실천 리더십 향상 방안

플랜텍 업무교육의 또 다른 특징이라 할 수 있는 것은 '리더십' 교육이다. 거의 모든 기업이 리더십 교육을 진행하고 있지만 플랜텍의 경우가 독특하게 느껴지는 것은 직무교육과 함께 매우 '실질적인 효과'를 염두에 두고 있기 때문이다. 즉 '시키니까 할 수 없이 받는 교육'이 아니라 직원들과 함께 워크아웃 탈출을 하기 위한 무기의 하나로 리더십이 필요하다는 것을 공감하고, 실질적인 필요에 의해 받을 수 있도록 프로그램이 구성되어 있다.

누구나 본인이 최고경영자인 것처럼 구는 조직도 문제가 크지만 간부들이 실무자처럼 처신하는 것도 문제다. 또한 최고경영자와 중간관리자는 역할이 다른 만큼 리더십도 달라야 한다. 이런 점에서 볼 때 '직무 전문성을 바탕으로 리더십과 전략적 판단력, 도덕성을 겸비한 중간관리자 양성'을 목표로 하는 플랜텍의 리더십 교육은 꽤나 시의적절한 것으로 보인다.

플랜텍에서 요구하는 리더십을 그림으로 나타내면 다음과 같은 모습이다.

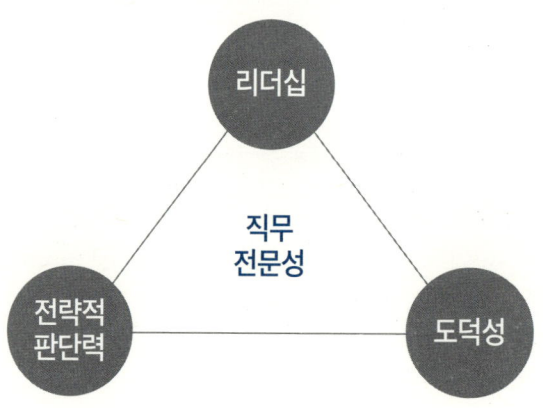

그리고 플랜텍의 리더는 다음과 같은 역량을 갖추어야 한다. 리더십, 플랜텍의 가치경영에 대한 이해, 논리적 사고력, 합리적 의사결정 방법, 협상 스킬 역량.

이런 리더십을 함양하기 위한 프로그램은 크게 네 가지로 나뉜다.

1. 중관관리자 리더십 향상 과정_ 핵심가치 내재화 도모
2. 가치경영의 이해_ 올바른 핵심가치 실현방법

3. 논리적 사고방법론_ 현상 분석 및 원인 규명

4. 합리적 의사결정론_ 성공적인 의사결정

중간관리자는 경영진과 실무 직원들을 이어주는 연결고리이자 핵심 역량이다.

포스코플랜텍이 자리 잡고 있는 포항 지역은 '해병대'의 주둔지로 유명한 곳이다. 우리나라 해병대는 잘 알려져 있는 대로 일반 사병이 아니라 하사관과 장교가 핵심 전력이다. 사병들은 일정 기간이 지나면 '제대'를 하기 때문에 기본 역량 이상의 심도 깊은 역량을 기대할 수 없기 때문이다. 설사 그만한 역량을 기른다 해도 제대를 하면 아무 소용이 없게 되니, 군이 곧 삶인 하사관 이상을 핵심 전력으로 설정하는 것이다.

기업도 마찬가지다. 일반 사원의 경우 연차가 모자라기도 하고 경험이 부족할 뿐만 아니라 아직은 '우리 회사'에 대한 일체감이 크게 형성되어 있지 않은 경우가 많다. 따라서 어떤 회사건 중간관리자들의 역량이 곧 그 회사의 역량이 되는 경우가 많다.

상시 학습하는 문화 정착

포스코플랜텍의 교육 시스템 가운데 가장 눈에 띄는 것은 '상시 학습문화'다. 어떤 기업이건 상시적으로 교육을 진행하고 있지만, 플랜텍의 '상시 학습'은 이렇게 주어지는 교육과 다르다. 외부 교육이 아니라 '사내 강사'를 최대한 활용함으로써 스스로 배우고 익히도록 시스템화 한 것이다. 피교육자로서 강의실에 앉아 있으면 몇 년을 들어도 까먹고 마는 것들이 '강사'로서 앞에 서게 되면 평생 동안 그 강의 내용만큼은 잊을 수 없게 된다. 바로 이것이 플랜텍이 말하는 상시학습의 효과다.

앞에서 이미 살펴본 대로 '학습'은 배우고 익히는 과정이다. 교육을 받은 뒤 이를 현장에서 실천하면서 몸으로 익히지 않으면 교육은 '학'에서 끝나고 시간이 지나면 기억마저 가물가물 잊히고 만다. 따라서 사내 강사로 연단에 한 번이라도 서게 되면 저절로 '학습'이 완성되는 것이다. 플랜텍에서 굳이 상시 '교육'이 아니라 상시 '학습'이라는 용어를 쓰는 데서부터 그 의도를 충분히 짐작할 수 있다.

물론 사내 강사의 활용에는 적지 않은 부작용이 따를 수 있다. 그렇잖아도 바쁜 터에 강의 준비까지 해야 된다니 입이 삐죽 나올 만하다. 플랜텍 역시 이러한 점을 잘 알고 있다. 그래서 사내 교육에 대한 직원들의 목소리를 청취해 보았더니 다음과 같은 의견들이 쏟아졌다. 대부분의 기업에서 나올 수 있음직한 불만사항이다.

- 이론학습 부족
- 학습단위 인원 과다
- 교안작성 시간 과다
- 레퍼런스 부족
- 강사의 전문성 부족
- 강의활동 기피

플랜텍은 이 결과를 놓고 긴 협의를 거쳐 다음과 같은 개선방안을 내놓았다.

- 학습단위를 직무별, 단위설비별로 세분화함으로써 인원 과다 문제 해결.
- 직무별 이론 서적을 구입해 사전 학습. 도서구입비는 회사에서 지원. 이로써 이론 학습 부족을 보강하고, 교안작성 시간을 줄여줄 수 있게 되었다. 아울러 레퍼런스와 전문성 부족도 함께 해결할 수 있게 되었다.
- 직무별 전문 사내 강사 양성으로 강사의 전문성 부족이라는 불만을 가라앉혔다.
- 사내 강의 활동에 대한 지원제도 강화. 이는 사내 강의를 기피하는 직원들에게 상당한 도움이 되었다.

이제 곧 2017년이 저물고 2018년이 밝아오면 올해 진행했던 각종 교육의 성과가 정리될 것이다. 계획대로 된 부분도 있고 그렇지 않은 부분도 있을 것이다. 잘 된 부분도 있고 예상 밖으로 저조하거나 오히려 부작용이 나타난 부분도 있을 수 있다. 하지만 플랜텍은 그 모든 것을 반영하여 다시 2018년에 맞는 새로운 교육 프로그램을 개발하고 있다.

그렇게 플랜텍은 한 발 한 발 미래로 나아갈 것이고, 언젠가 워크아웃을 졸업하는 그날이 되면 지금까지 진행했던 교육의 효과도 꽃이 만개하듯이 피어날 것이다. 적어도 지금까지 해온 모습을 보면 그런 기대가 헛될 것 같지는 않다.

참고로 2017년 플랜텍 교육 프로그램의 로드맵은 다음과 같다.

[2017년 플랜텍 교육 프로그램의 로드맵]

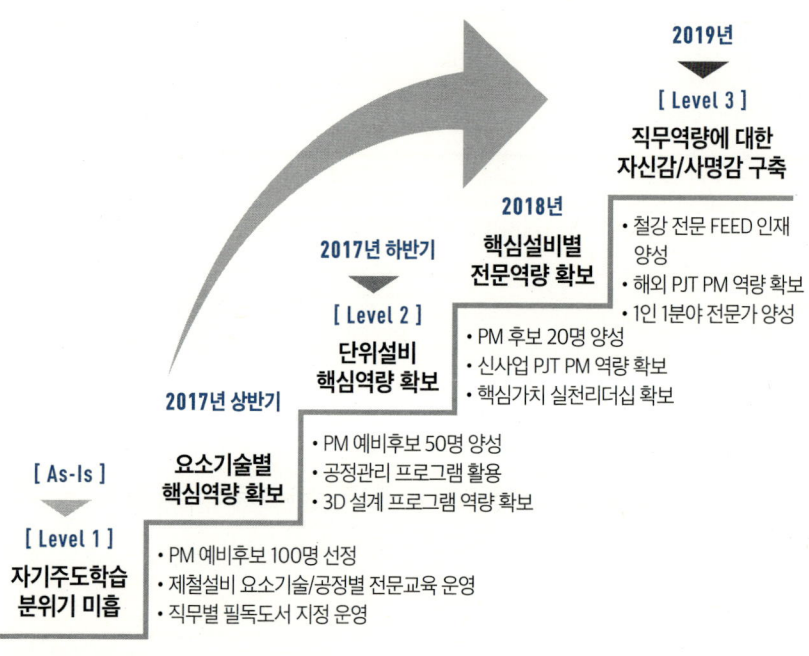

행복경영을 시작하면서…

게임에서 이기게 하는 것은 '재능'이다.
하지만 챔피언을 만드는 것은 '팀워크'와 '이해력'이다.
- 마이클 조던

매년 그래왔듯이 〈교수신문〉은 전국의 대학교수 1,000명을 대상으로 설문조사를 한 결과, 2017년 한 해를 잘 나타내주는 사자성어로 '파사현정'(破邪顯正)을 꼽았다. '사악하고 그릇된 것을 깨고 바른 것을 드러낸다'는 뜻이다. 최근 언론에 자주 오르내리는 '적폐청산'을 염두에 둔 결과가 아닌가 싶다.

이처럼 한자문화권인 우리나라에서는 실제 한자는 잘 몰라도 어떤 상황을 '사자성어'로 표현하는 경우가 많다. 개과천선, 호사다마, 감지덕지, 막상막하, 등하불명, 살신성인, 삼고초려, 유구무언, 일촉즉발… 자주 쓰는 것만 나열하려고 해도 숨이 가쁠 지경이다. 이렇게 차고 넘치도록 많은 사자성어 가운데 정말 피하고 싶은 단어들이 있다. 설상가상이나 사면초가, 백척간두 같은 '위기상황'을 나타내는 사자성어들이다. 지난 몇 년 동안의 포스코플랜텍 상황을 보면, 바로 이렇게 피하고 싶은 단어들로 가득 채워지지 않을까 싶다.

그런데 이처럼 필사의 탈출을 해야 되는 상황에서 최고경영자가 '비장의 무기'로 내세운 것이 '행복경영'이었으니, 사내외의 분위기는 사실 '환영'과는 거리가 없지 않았다.

물론 조 사장의 입장은 '더 뛰어난 실력을 갖추고, 행복한 마음으로, 모두가 하나'라는 의식으로 똘똘 뭉쳐서 위기를 탈출하자는 뜻이었지만, 더 급하고 중요한 일이 있지 않느냐는 시각들이 적지 않았던 것이다. 게다가 이미 절반 가까운 인력을 내보낸 터에 '새로운 인력 구조조정'의 신호탄이 아닌가 하는 의구심을 갖는 직원들도 있었다.

하지만 행복경영의 시작을 알리는 사내 블로그에 올린 글을 살펴보면 조청명 사장 역시 이를 충분히 예견하고 있었던 것을 알 수 있다. 그럼에도 행복경영을 강하게 추진했던 것은 그만큼 필요하다는 확신과 성공시킬 수 있다는 자신이 있었기 때문이리라.

당시 조청명 사장이 블로그에 올린 글을 정리해서 옮긴다.

'행복경영을 시작하면서'

'행복'은 신이 인간에게 준 최고의 선물로 우리 삶의 목적이랄 수 있을 것입니다. 그런 생각에서 '행복경영'을 추진하고자 결심하였고 직원대의기구, 직책보임자, Change Agent들과 '행복경영'을 주제로 토론회 등을 거쳐 다양한 아이디어를 수렴하였습니다. 이를 담아 마스터플랜을 수립한 후 직원들에게 '행복경영'의 목적과 내용을 이해할 수 있도록 설명회도 실시하였습니다.

최근 HR지원그룹에서 근무/휴가 제도 개선과 관련하여 '톡톡톡'에 검토 중인 내용을 안내해드렸는데, '행복경영'을 인력 구조조정을 하기 위한 사전작업이라거나 어떤 다른 의도를 가진 것으로 생각하는 직원들이 있는 것 같습니다. 앞서의 아픈 경험에서 비롯된 트라우마라고 볼 수도 있겠지만, 아직 회사에 대한 '신뢰'가 부족하다는 생각도 듭니다.

5월 운영회의 석상에서 다시 공표하였듯이, 어떤 인위적 인력 구조조정도 하지 않을 것입니다. 더 이상의 인력 구조조정은 회사를 살리는 방도가 아니라 망하게 하는 길이라고 믿기 때문입니다. 일시적으로 여유인력이 있다고 해도 또 다시 인위적인 조정을 한다면, 이는 회사를 죽이는 길이 될 것입니다. 지금은 인력 구조조정에 의한 비용절감보다 열정에 기반한 사업성공과 역량강화에 초점을 맞추어야 할 시기입니다. 이제 이익이 나기 시작하는 상황에서 그럴 필요도 없습니다. 미래가 걱정된다면, 그럴수록 사업의 본질에 집중해야 합니다. 일자리를 줄이는 대신 일거리를 늘리는 데 노력해야 합니다.

어떤 사람은 워크아웃 기업에서 한가하게 웬 '행복경영'이냐고 합니다. 그 이유는, 오히려 워크아웃을 빨리 졸업하기 위해 필요하기 때문입니다.

사람은 성공해서 행복할까요? 오히려 인과관계가 반대라고 합니다. 성공해서 행복한 것이 아니라 행복한 사람이 성공한다는 것입니다. 행복이 성공을 위한 수단이라는 것입니다. 마찬가지로 우리 직원들이 행복해야 워크아웃을 잘 졸업할 수 있습니다. 직원이 행복해야 열정적으로 일할 것이고, 그런 직원들의 열정이 발휘될 때 고객들이 만족할 것이며, 만족한 고객들이 우리를 다시 찾아주는 선순환이 이루어질 때 우리 회사는 지속가능할 것입니다.

중국과 인도 사이에 부탄이라는 나라가 있습니다. 이 나라는 인구 75만에 남한의 절반 크기이며 GDP는 세계 162위밖에 되지 않습니다. 하지만, 세계 행복지수 조사 결과 1위로, 전 국민의 97%가 스스로 행복하다고 느끼는 나라이기도 합니다. 부탄의 법전에는 "정부가 국민을 행복하게 하지 못한다면 정부의 존재가치가 없다."라고 되어 있습니다. 우리나라도 국민들의 행복을 위해 헌법 제10조에 '행복추구권'이 규정되어 있습니다. 우리 회사 역시 직원들의 행복이 회사 경영에서 가장 우선시되어야 한다고 생각합니다.

우리 회사 행복경영은 크게 마음챙김, 제도개선 등 두 개의 카테고리로 운영하려고 합니다. 2개의 카테고리 가운데 보다 중요한 것이 '마음챙김'입니다. 많은 행복 관련 연구결과를 종합하면, 행복은 타고나는 긍정정서가 50%, 본인의 삶에 대한 태도가 40%, 주어지는 환경이 10% 영향을 미친다고 합니다. 타고난 정서를 어쩔 수 없다고 보면, 본인이 바꿔 나갈 수 있는 삶의 태도가 행복에 결정적입니다. '일체유심조'라는 말도 있지만, 행복도 마음먹기에 달려있다는 것이지요.

그래서 회사에서는 행복캠프, 행복특강, Action 321, Individual care, 건강관리 등 개개인들이 스스로를 돌아볼 기회를 제공할 것입니다. 직원 여러분이 삶에 대한 인식과 태도를 스스로 변화시켜 나갈 수 있도록 도와주자는 것입니다. 회사가 직원들 모두의 행복을 다 책임질 수는 없지만, 도와줄 수 있는 노력을 하겠다는 것입니다.

이런 제도개선의 목적 또한 직원의 행복을 위해서지만, 구체적인 방법에 대해서는 저마다 의견이 달라 그리 쉽지만은 않습니다. 어떤 제도에도 유일한 정답이 없기 때문입니다. 좋은 점, 나쁜 점이 있을 수 있고, 사람마다 다를 수 있습니다. 그러니 그 의도를 의심하거나 비난을 앞세우지 마시고 좋은 마음으로 토론해야 합니다. 뻔뻔스럽게 의견을 주세요!

조청명 사장의 글에 달린 임직원들의 댓글을 보면, 본격적인 제도 시행 이전에 밝힌 최고 경영자의 간곡한 부탁이 어느 정도 직원들의 마음을 움직인 것으로 보인다. 2017년 연말을 맞아 가족친화기업으로 대통령 표창까지 받게 된 것도 제도 시작 이전에 만들어진 '한번 해 보자' 하는 분위기가 연말까지 이어진 덕분이 아닐까 싶다.

댓글 가운데 이런 분위기를 잘 정리한 글 몇 가지만 골라 보자.

사장님의 진심과 의도는 이미 알고 있습니다. 행복한 삶을 위해 많은 노력도 해 보았습니다. '제주도 자전거 일주' '등산' '자전거 출퇴근' 등 하고 싶은 것도 많이 해 보았습니다. 사장님 말씀대로 저는 나름 행복합니다. 그런데 직원들이 머뭇거리는 이유는 너무 한꺼번에 실시하기 때문에 그럴 수도 있습니다. 순차적으로 2016년도 50%, 2017년도 50% 해서 각 단위 PL들과 협의해서 직원들이 3개월 동안 정말 본인을 위한 안식휴직이 되었으면 합니다.

_ 임ㅇㅇ

사회생활을 시작한 이래로 항시 앞만 보고 살아온 사람들에게는 사장님의 행복경영이 지극히 새로운 일입니다. 일을 하는 것이 회사와 사회에 기여하고 행복한 방법이라고 생각해왔기 때문에 사장님의 철학이 조금은 생소합니다. 사실 관점을 바꾸어 생각하면 직원이 행복해야 가족도 회사도 사회도 행복해지는 지극히 정상적인 선순환 구조를 가지는 것이라고 생각합니다.

_ 조ㅇㅇ

오늘 1차로 직책보임자 대상으로 일가양득 제도 설명회가 있었습니다. 사장님의 의지와 관련부서 직원들의 노력이 잘 어우러져 좋은 제도가 만들어지게 된 것 같아 감사하게 생각합니다.
여러 번의 아픈 경험 때문에 의심하는 시선도 있는 게 사실입니다만 직책 보임자로서 직원들을 이해시키고 공감대를 형성해서 직원 개개인이 행복해지고 나아가서 고객들을 행복하게 하는 회사가 될 수 있도록 솔선수범하겠습니다.

_ 박ㅇㅇ

주관부서로서 많은 걱정과 고민이 되었습니다만, 놀랍게도 열정적 토론과 의견 제시를 통해 조금씩 변해가는 모습을 볼 수 있는 뜻 깊은 계기였던 것 같습니다. 설명회도 설명회지만 이후 휴먼센터를 통해 차수별 별도 교육, 개인별 일대일 면담을 통해 직원들의 신뢰를, 더디지만 한 걸음씩 회복해가는 지원을 통해 불신의 벽을 조금씩 허물어가는 데 최선을 다하겠습니다. 더불어 우리들 스스로 변해가는 모습을 기대합니다.

_ 김ㅇㅇ

우리 회사의 구성원들이 자율에 의해 자신이 하고 싶은 일을 찾고, 자신이 하는 일에 보람을 느끼며, 상호간 소통과 신뢰를 통한 협업으로 더 나은 업무성과를 낼 수 있는 즐겁고 행복한 조직문화가 이번 기회에 꼭 정착될 수 있을 것이라 기대합니다.

_ 정ㅇ

먼저 사장님 말씀처럼 직원들이 행복해야 회사가 잘 된다는 것에 적극 공감합니다. 행복경영을 위한 마음챙김과 제도개선이라는 큰 틀 중에 마음챙김이 더 중요하다고 하셨는데, 마음챙김은 화학적인(정신적인) 변화로 스스로 느끼면 그만인 반면 제도개선은 물리적인 변화로 본인뿐만 아니라 남들의 눈에 보이기 때문에 평가에 길들여진 우리 마음속 내부의 갈등이 더 클 것이라 생각합니다.

_ 김○○

직원들이 행복해야 자신의 일에 대한 만족도가 높아지고, 그것이 고객만족과 회사의 성과로 이어지는 선순환 구조를 만든다는 것에 동감하며, 좋은 취지의 이번 제도들을 눈치를 살피지 않고 적극적으로 활용하여 재충전하도록 하겠습니다.

_ 김○○

행복경영의 취지와 목적에 대해 충분히 설명하고 공감대를 형성하는 부분에 있어서 미흡한 점이 있었습니다. 안타깝고 죄송하게 생각하며, 앞으로 지역별 설명회를 통해 신뢰를 높이고, 행복경영이 제대로 정착되어 직원과 회사가 함께 행복해질 수 있도록 뒷받침하겠습니다.

_ 장○○

더불어 즐거운 회사

무수한 사람들 가운데 나와 뜻을 같이 할 사람이 한둘은 있을 것이다.
그것으로 충분하다. 바깥 공기를 호흡하기 위한 창문은 하나만으로 족하다.
- 로맹 롤랑

　포스코플랜텍의 '행복경영'에 있어서 또 하나 빼놓을 수 없는 것이 '동호회 활동'이다. 정시 퇴근으로 '저녁이 있는 삶'의 토대를 만들었고, 직무교육과 정신교육 등을 통해 실력과 직무능력 등을 충전했다면 동호회 활동은 같은 취미를 공유하면서 즐거운 마음으로 '하나'가 되도록 만들어주는 길이라 할 수 있다. 크든 작든 상당수의 회사가 사내 동호회를 권장하는 것도 대체로 비슷한 이유일 것이다.
　그런데 플랜텍의 경우, 동호회 가입과 활동에서 여타 회사와는 조금 다른 부분이 눈에 띈다. 다른 회사의 사내 동호회들이 대부분 같은 취미를 가진 사람들이 하나 둘 모이다 보니 어느새 동호회가 되었고, 나름 긴 역사를 가진 곳도 많다. 그런데 플랜텍의 경우에는 대부분의 동호회가 '최근' '비슷한 시기'에 설립되었다. 이 때문에 '긴 역사'를 찾아보기가 어렵다. 그리고 동호회 회장이 거의 대부분 '리더급' 직원이라는 공통점이 있다.

다들 눈치를 챘겠지만, 그 이유는 회사의 방침에 따라 대부분의 동호회들이 '의도적으로, 일시에' 만들어졌기 때문이다.

언론이나 인터넷에 자주 나오는 '명언' 가운데 "사람은 행복하기 때문에 웃는 것이 아니라, 웃기 때문에 행복하다"는 말이 있다. '웃음'의 의미를 한 마디로 깔끔하게 정리해 주는 이 말을 처음 쓰기 시작한 사람은 빌헬름 분트(Wilhelm Wundt)와 함께 근대심리학의 창시자로 일컬어지는 윌리엄 제임스(William James)다.

막연한 느낌이나 단순한 위로가 아니라 심리학자들이 오랜 시간 연구한 결과이니 믿어도 좋은 내용이다. 플랜텍의 경영진이 의도한 게 바로 이것이다.

아무리 좋은 교육을 받고, 집중 근무를 하면서 일찍 퇴근을 해도 머릿속에 늘 '우리 회사는 워크아웃 상태인데…' 하는 생각을 담고 있다면 즐겁고 행복한 회사 생활은 기대하기 어렵다. 또, 회사가 어렵게 된 데 대해 회사 내의 누군가에게 원망하는 마음을 가지고 있다면 하나 된 마음으로 위기를 탈출하는 것도 참 난망한 일이다.

동호회는, 말하자면 어렵고 힘든 상황에서 웃을 일이 많지 않은 직원들이 '행복해서 웃는 게 아니라 웃어서 행복한' 상황을 만들 수 있도록 회사에서 멍석을 깔아준 것이다. 또 이런 기회를 통해 알게 모르게 쌓인 서로간의 불신과 원망을 털어버리고 '우리는 하나'라는 동료의식을 되찾는 계기를 만들자는 것이다.

'비자발적인' 출발 때문에 플랜텍의 사내 동호회를 평가 절하하는 시선도 물론 없지는 않다. 아직 동호회에 참여하지 않은 일부 직원들 가운데 그런 생각을 가진 사람도 있을 것이다. 하지만 '외부의 힘'을 너무 부정적으로만 볼 필요는 없을 것 같다.

예를 들어 바퀴가 구덩이에 빠져 헛돌고 있는 차량을 생각해 보자. 구덩이에서 빠져나오기 위해서는 잠시나마 외부의 힘을 빌릴 수밖에 없다. 지나가는 사람이 있다면 차를 함께 밀어달라고 부탁을 할 것이고, 바퀴가 딛고 올라설 수 있도록 주변에 있는 돌이나 나무토막을 구덩이에 채우기도 할 것이다. 그렇게 외부의 힘을 잠시나마 빌려서 빠져나온 뒤에는 다시 제 자신의 힘으로 어디든 갈 수 있게 되지 않겠는가.

워크아웃을 언제 벗어날 수 있을지 확실한 시기를 알 수 없는 상태에서, 게다가 채권단과의 약속에 따라 이런저런 제약이 있는 상태에서 포스코플랜텍의 직원들이 행복해서 웃을 수 있는 일은 그다지 많지 않다. 이런 상황에서 의도적인 동호회 활성화는 먼저 웃음으로써 행복한 마음을 가질 수 있도록 하자는 경영진의 배려라고 할 수 있다.

실제로 2017년 6월, 포스코플랜텍 행정지원그룹은 '행복한 동호회' 추진 목적을 다음과 같이 밝혔다.

- 직원 간 '관계' 확장으로 이해의 폭을 넓히며, 활기차고 즐거운 직장생활 실현.
- 도전을 장려하여 전문가 수준으로 성장, 지역사회에 기여(재능기부)할 수 있는 동호회로 발전 유도.
- 이를 통해 자존감 및 행복감 제고.

그리고 이러한 목표를 세우게 된 배경으로 첫째, 3개사(포항 · 광양 · 성진) 통합에 따른 직원들 사이의 이질감으로 인해 화학적 결합 미흡, 둘째, 타

부서 사이의 소통 미흡, 셋째, 이로 인해 소통 및 역량 결집 애로 등을 꼽았다. 즉 직원들의 힘을 하나로 모으기 위해 동호회 활동을 추진한다고 분명히 밝힌 것이다.

사실 플랜텍과 성진지오텍은 합병 이전에도 동호회 활동이 이뤄지고 있었고 회사에서의 지원도 있었다. 플랜텍의 경우 2005년까지 체육 분야 12개, 레저 분야 14개 등 총 26개 분야에 총 600여 명이 참여하는 동호회가 운영되고 있었고, 연간 1,000만 원 이상의 지원도 있었다. 하지만 2006년에 선택적 복리후생제도가 시행되면서 활동이 중단되었다. 지오텍의 경우에는 합병 직전인 2011년까지 체육과 레저, 취미, 어학 등 총 10개 분야의 동호회 활동이 이뤄지고 있었다.

이렇게 끊어진 맥을 2017년을 기점으로 되살리면서 플랜텍은 예전보다 더욱 활발한 동호회 활동을 위해 일반 동호회에서 찾아보기 어려운 몇 가지 기준을 더했다. 그것은 ▲리더급 솔선수범 참여 ▲동호회 협의회 운영 ▲동호회별 성장목표(KPI) 설정 등이다.

그리고 동호회의 활성화를 위한 지원금을 개인 50% + 회사 50%의 매칭 그랜트 방식으로 지원하는 것도 조금은 남다른 점이라 할 수 있다.

2017년 12월 현재 플랜텍의 동호회 회원 수는 312명(중복 가입자 제외)으로 총원 450명 기준 69.3%의 가입률을 나타내고 있다. 중복 가입된 인원까지 포함한 등록 회원 수를 기준으로 보면 가입률은 84.6%(381명)다.

포항지역의 경우 농구와 등산, 탁구 등 체육/오락 분야 10개, 산야초연구회 등 학습/문예 분야 5개 등 총 15개의 동호회가 활동하고 있다. 광양은 총 5개가 활동하고 있으며 인천공항에도 1개가 활동 중이다.

본격적으로 동호회 활동이 재개된 지 이제 6개월여. 아직은 성과나 성패를 논하기에는 많이 이르다. 하지만 실제 동호회 활동 현장에서 만난 직원들의 반응은 매우 긍정적이다. 비록 워크아웃을 탈출한 것은 아니지만 취미가 같은 동료들끼리 모여서 좋아하는 일을 하는 것이 생각보다 즐겁고 행복하다는 것을 새삼 깨닫고 있기 때문이다.

이렇게 플랜텍의 임직원들은 행복해서 웃는 것이 아니라 웃음으로써 행복해진다는 것을 몸으로 확인하고 있는 중이다.

행복캠프 그리고 시멘트와 콘크리트

바람이 불지 않을 때 바람개비를 돌리는 방법은
앞으로 달려 나가는 것이다.
- 데일 카네기

현대 건축물이나 구조물에 있어서 가장 중요한 재료는 무엇일까? 포스코 플랜텍을 비롯한 EPC관계자라면 언뜻 '철'을 떠올릴지 모르겠지만, 정답은 콘크리트다. 예외가 없는 것은 아니지만, 어떤 첨단 소재가 사용된다 해도 콘크리트를 기본 베이스로 하지 않고는 구조물을 완성할 수 없다. 심지어 '철'로만 만들어진 다리도 '교각'은 콘크리트로 만들 수밖에 없다.

잘 알고 있는 대로 콘크리트는 시멘트에 모래와 자갈, 골재 따위를 적당히 섞고 물에 반죽한 혼합물이다. 건축물의 특성이나 용도에 따라 몇 가지 특수 물질이 추가되기도 한다. 여기서 가장 중요한 요소는 바로 시멘트다. 모래와 자갈, 골재 등을 그냥 섞어 놓으면 아무리 오랜 시간이 흘러도 '너는 너, 나는 나' 상태의 따로국밥으로 존재한다. 하지만 여기에다 시멘트를 넣고 적당량의 물을 부어서 섞어 주면 적어도 수십 년은 거뜬히 견디는 튼튼한 콘크리트로 다시 태어나는 것이다.

뜬금없이 콘크리트와 시멘트 이야기를 꺼낸 것은 지난 몇 년 동안의 포스코플랜텍 상황을 살펴보면서, 마치 자갈과 모래처럼 겉돌던 포항 출신과 광양 출신, 성진 출신들이 제법 자리를 잡고 마치 오랫동안 함께해왔던 동료들처럼 잘 어우러지도록 만든 힘이 무엇일까 궁금했기 때문이다. 물론 그 중심에는 '행복경영'이 있다.

'행복경영'은 일종의 슬로건이면서 실행지침이다. 그 안에는 각종 교육 프로그램도 있고, 업무지침과 실무교육도 있다. 제대로 시행된다면 의도한 대로 '직원도 행복하고 회사도 행복하고 고객도 행복한' 상태로 나아가게 될 것이다. 하지만 소를 물가로 데려갈 수는 있지만 물을 먹느냐 마느냐 하는 것은 순전히 소 자신의 의지에 달린 문제다.

경영진의 고민은 바로 이 지점에 있었다. 자갈과 모래처럼 겉도는 삼각편대의 힘을 어떻게 하나로 뭉쳐서 한 방향으로 나아가게 할 것인가. '행복캠프'는 이런 고민 끝에 나온 결론이었다. 지속적이고 일상적인 교육도 중요하지만, 집중적이고 반복적인 교육을 통해 행복경영에 대한 전 직원의 의지를 하나로 모으자는 것이었다. 말하자면 아예 자갈과 모래를 한데 모아놓고 1박2일 동안 함께 뒤섞었던 셈이다. 자갈과 모래는 말할 것도 없이 포항 출신과 광양 출신, 성진 출신이고, 행복캠프는 이를 하나로 묶어주는 시멘트이자 '레미콘'(ready-mixed concrete) 차량이었다.

2017년 5월부터 7월까지, 40~45명씩 총 11차례에 걸쳐 진행된 행복캠프는 교육의 목적과 인원 편성 원칙에서 행복경영의 의식 확산과 계층 간, 지역 간 '믹싱'의 의도를 뚜렷하게 밝혔다.

교육의 목적은 '포스코플랜텍 직원 개개인의 행복 마인드 향상 및 신뢰와 소통문화 확산을 통한 조직성과 창출, 시너지 제고'였고, 인원 편성의 원칙은 '지역별, 계층별 혼합 편성'이었다. 행복캠프는 대상 직원 453명 중 해외파견이나 프로젝트 준공업무, 육아휴직 등으로 빠진 일부 인원을 제외하고 총 437명이 교육에 참가해 96.5%의 참가율을 보였다.

교육은 '행복한 직장인'의 핵심요소인 '마음의 건강, 상호지원, 의미와 성장' 등을 끌어낼 수 있는 세 개의 모듈을 설정하고, 이에 맞춰 시작했다.

세 개의 모듈은 1. 행복한 직장인 2. 신뢰와 소통 3. 도전과 성취였다.

모듈1 '행복한 직장인' 과정에서는 2017년 경영현황에 대해 함께 이해하는 시간을 갖고, 이를 바탕으로 행복한 삶을 위한 관점의 차이와 일과 삶에서의 행복의 조건 등을 함께 찾아보았다. 아울러 내 안의 열정 끌어내기, 행복한 꿈과 목표의 중요성 이해 및 구체적 설계도 진행했다.

모듈2 '신뢰와 소통' 과정에서는 신뢰의 속도와 경제학 이해, 자기 자신을 신뢰하는 셀프 신뢰의 원칙을 배웠다. 이를 바탕으로 '팀 시너지'의 개념과 조직에서 팀 시너지를 활용하는 방법을 살펴보았다.

마지막으로 모듈3 '도전과 성취' 과정에서는 실행을 통한 몰입의 즐거움, 팀별 미션 수행을 통해 조직의 힘을 하나로 모으는 '실행'의 중요성을 몸으로 배우도록 했다.

교육이 끝난 뒤 참가자들로부터 설문을 받아본 결과, 상당한 성과를 거둔 것으로 나타났다.

교육과정이 유익했는가, 교육 주제는 적절했는가, 교육이 흥미로웠는가, 교육 담당자는 제대로 업무를 처리했는가, 강사의 수준과 열의는 어떠했는가 등 5개의 항목에 5점 만점에 평균 4.75점의 높은 평점을 기록한 것이다. 특히 그 중에서도 '강사의 열의'는 평점 4.86으로 가장 높게 나타났다.

사외에서 진행된 교육이고 CEO의 의지가 담겨 있다는 것을 잘 아는 터라 일정 부분 '후한 점수'를 준 면이 없지는 않겠지만, 예상보다 높은 수치가 나온 것은 주목할 만하다.

당시 교육을 받았던 직원들이 남긴 코멘트들을 보면 예상대로 '행복'에 초점을 맞추고 있음이 잘 드러난다.

- 전 직원이 행복이라는 공통된 주제에 대해서 교육받을 수 있어 좋았다.
- 편한 마음으로 교육에 임하게 되었으며 즐겁고 행복한 마음으로 마칠 수 있어 좋았다.
- 행복이 무엇인지에 대해서 다시 한번 생각해 볼 수 있었으며 앞으로 더 행복하게 살기 위해 노력하겠다.
- 함께 도전하고 시너지를 통해 무언가를 성취하면서 동료들과 행복감을 느낄 수 있었으며 지속적으로 소통하며 생활하겠다.
- 적절한 시기에 좋은 주제를 알차게 준비해주신 회사 관계자 분들께 감사드리며 포스코플랜텍의 행복을 위해 힘쓰겠다.

2017년을 마무리해가는 12월, 표면적으로는 출신 지역이나 계층에 따른 상이점이나 위화감 등은 거의 보이지 않는다. 물론 이 모든 것이 행복캠프의 영향은 아닐 것이다. 행복캠프의 이전에도 이후에도 지속적으로 교육이 진행되고 있고, 동호회 활동이나 행복블로그 등 여러 경로를 통해 행복경영 마인드와 일체감 조성을 위한 노력이 계속되고 있기 때문이다. 하지만 1박2일 동안 서로 다른 지역 출신, 서로 다른 계층의 임직원이 한데 모여 같이 먹고 자면서 같은 교육을 받았다는 사실은 머리가 아니라 몸에 새겨진 기억이 되어 오랫동안 남아 있게 될 것이다.

제대로 쉬고 와서 제대로 일합시다

휴식은 게으름도, 멈춤도 아니다. 휴식을 모르는 사람은 브레이크가 없는
자동차 같아서 위험하기 짝이 없다.
- 헨리 포드

새 정부가 들어서면서 이전 정부와 여러 모로 다른 정책들이 많이 펼쳐지고 있다. 그중에서 2017년 연말에 발표된 '2주 동안의 여름휴가' 관련 기사는 모든 직장인들의 눈이 번쩍 떠지게 만들었다.

잘 알려져 있다시피 우리나라의 평균 노동시간은 연간 2,163시간으로 OECD 국가 가운데 멕시코(2,237시간) 다음으로 많은 것으로 알려져 있다. '휴가'에 전 국민이 목숨을 거는 프랑스(1,489시간, 30위)나 네덜란드(1,380시간, 34위)는 물론 미국(1,788시간, 11위)과 가까운 일본(1,735시간, 16위)에 비해서도 대단히 높은 편이다.

사규와 노동법, 근로기준법에는 분명히 상당 시간의 월차와 연차가 명기돼 있지만 이를 제대로 챙길 수 있는 직장인은 그다지 많지 않다. 심지어 손꼽아 기다리는 여름휴가마저 길어야 일주일 정도, 눈치껏 놀다 오는 정도다. 이

때문에 '바캉스'라는 용어는 수입했지만 그에 걸맞은 문화는 전혀 누리지 못하고 있는 것이 현실이다. 그런데 장장 2주간의 여름휴가라니! 정부의 계획대로라면, 드디어 우리 직장인들도 내년부터는 유럽 사람들처럼 편안한 마음으로 해외여행까지 다녀올 수 있게 될 것 같다.

물론 쉽지 않을 것이다. '정책 따로, 현실 따로' 노는 경우가 얼마나 많던가. 중국 고사에 귤화위지(橘化爲枳)라는 말이 있다. '귤이 회수를 건너면 탱자가 된다'는 뜻으로 사람의 성질도 환경에 따라 변할 수 있다는 의미다. 마찬가지로 기업의 상황에 따라 정부의 정책은 귤이 될 수도 있고 탱자가 될 수도 있다. 정부의 정책이 발표되자마자 많은 직장인들이 일면 환영을 하면서도 또 한편으로는 우려를 표하는 이유이기도 하다. 마찬가지로 '연가 저축제' 등의 후속 아이디어들 역시 현장에서 얼마나 실효를 거둘 수 있을지는 아직은 미지수다.

인터넷과 각종 SNS 등을 뜨겁게 달구는 논쟁들을 지켜보면서 문득 올봄부터 시행되고 있는 포스코플랜텍의 몇 가지 특별한 휴가제도가 떠올랐다.

행복경영과 육아휴직제

플랜텍은 올 초에 '행복경영'의 하나로 근무·휴가제도 개선안을 발표했다. 육아휴직제를 비롯해서 안식휴가제, 안식휴직제, 시간선택제 등이다. 대부분의 대기업이나 중견기업에 갖춰져 있는 것과 대체로 비슷한 근무·휴가제도지만, 늘 문제는 '실행의 의지'가 아니던가. 말하자면 플랜텍은 이와 같은 제도를 다시 한번 정비하고, 이를 확실하게 지키겠다는 다짐과 의지를 공표한 셈이다.

이 가운데 플랜텍에서 가장 큰 관심을 기울이고 집중적으로 지원하고 있는 것이 육아휴직제다.

지난 2017년 12월 27일, 통계청에서 발표한 자료에 따르면 2017년 10월 출생한 신생아 수는 2만 7,900명으로, 전년 동기에 비해 3,692명이 감소한 것으로 나타났다. 지난 12개월(2016년 11월~2017년 10월) 동안의 신생아 합계는 36만 3,856명으로, 1년 전에 비해 5만여 명이 감소했다. 이런 속도대로라면 2020년경에는 출생보다 사망이 더 많아지게 된다.

이런 추세를 감안해서 이미 오래 전부터 정부는 갖가지 출산 장려대책을 세우고 있고, 지자체들도 상당한 보조금을 비롯한 유인책을 내고 있지만 별 실효를 거두지 못하고 있다. 여러 기업체에서 내세우고 있는 '출산휴가제'도 출산장려정책의 하나다. 실제로 임신을 한 여성만이 아니라 배우자에게도 출산휴가를 쓸 수 있게 한다는 취지다.

하지만 정부의 의지에도 불구하고 실제 기업현장에서는 출산휴가제가 제대로 정착되지 못하고 있다. 출퇴근 시간도 눈치가 보일 정도로 빡센 근무환경에서 짧으면 몇 주, 길면 몇 달씩 걸리는 출산휴가를 신청할 만큼 '간이 큰' 직장인이 많지 않은 게 가장 큰 원인으로 꼽힌다. 이외에도 맡은 업무를 나눠 줄 만한 상황이 못 되는 경우도 적지 않다. 또, 겉으로 드러내 말하지는 못하지만 '휴가가 끝나고 돌아왔을 때 '내 책상'이 그대로 있을지' 하는 걱정 때문에 아예 포기하는 경우도 있다.

플랜텍에서도 지난 6월, '일과 생활의 균형'을 잡는 조직문화 혁신운동의 하나로 '일家양득' 제도를 시행하고, 육아휴직제를 전면 도입했다.

그런데 잠깐. 플랜텍에서 쓰는 용어를 다시 한 번 살펴볼 필요가 있다. '출산휴가제'가 아니라 '육아휴직제'다. 출산이 아닌 육아에 초점이 맞춰져 있고,

휴가가 아닌 '휴직'이라는 것이 눈에 띈다.

사실 출산휴가제는 법적인 의무사항이다. 플랜텍 역시 임신한 여직원은 90일, 배우자는 3일의 출산휴가제를 이미 실시하고 있었다. 하지만 단지 출산을 위한 휴가만으로는 충분하지 못하다는 판단으로 육아휴직제를 전격 도입한 것이다. 신청자격은 '만 8세 이하 또는 초등학교 2학년 이하의 자녀를 둔 직원'이다.

물론 육아휴직제 역시 법령으로 정해져 있고, 대부분의 기업에서 사규로 육아휴직 기간을 주도록 정해져 있다. 하지만 선택사항이다 보니 사실상의 대상인 '남자직원'들이 눈치가 보여서라도 선뜻 신청을 하기 어렵다. 2017년 말 기준으로 육아휴직을 쓴 경험이 있는 남자 직원은 8.5%에 불과했다. 이 때문에 정부에서도 되도록 눈치 보지 않고 무조건 휴가를 쓸 수 있는 '의무시행'으로 바꾸도록 권고하고 있는 상황이다.

플랜텍에서 중점적으로 추진하고 있는 육아휴직의 초점은 '의무사항'(자동시행)으로 만들어 지키게 하는 것이다. 기간은 최대 3개월이다. 휴직기간 동안의 대우는 기본급 70% 수준+상여금 100%(정부지원금 포함)이다. 그리고 시행 초기 1년 동안은 별도의 회사 지원금이 주어진다.

비록 전액은 아니지만 무급이 아닌 유급 휴직이고, 상여금도 일정 부분 보장이 되지만 이런저런 조건들 때문에 처음 시작은 쉽지 않았다. 육아휴직 1차 대상자 18명 가운데 16명이 적극적·자발적으로 참여하겠다는 의사를 밝혔음에도 블로그에 올린 글이나 사석에서의 이야기 등을 보면 "좋지만 걱정이 된다."라는 의견들도 있었던 것으로 알려져 있다. 한편으로는 "또 다른 인력 조정" 또는 "행복경영이 아니라 비용 감축을 위한 방안이 아니냐"라는 의심을 하는 사람도 있었다. 또 육아휴직으로 자리를 비우는 사람들의 업무를 나눠서 처리해야 하는 직원들의 입에서 볼멘소리가 나오기도 했다.

이런 의구심과 불만을 해소하기 위해 플랜텍에서는 '휴먼센터'를 통해 육아휴직제에 관한 주요 사항들을 안내하고 여러 의문들에 답하도록 했다. 덕분에 1차 16명을 시작으로 2차 28명, 3차 28명이 차례대로 다녀왔으며, 이제 곧 4차 45명도 떠날 예정이다.

그리고 남은 직원들도 업무 순환 처리를 원활하게 진행함으로써 서서히 육아휴직제는 안정적인 궤도에 접어든 것으로 보인다.

안식휴가와 안식휴직, 시간선택제

육아휴직제와 더불어 플랜텍에서 시행하고 있는 독특한 근무·휴가제도는 안식휴가제와 안식휴직제, 시간선택제 등이다.

안식휴가는 근속 5년이 지날 때마다 '격려' 차원에서 주어지는 20일(특별휴가 10일+본인 연가 10일)간의 특별 유급휴가다. 지난 5년 동안 고생했으니 푹 쉬면서 재충전을 하고 오라는 뜻이다. 근속 5년차가 돌아올 때마다 6개월 이내에 신청 및 이용할 수 있다. 비록 특별휴가 10일 이외의 10일은 본인의 연가를 쓰는 것이지만, 대부분 다 쓰지 못하거나 이리저리 쪼개서 쓰게 되는 연차를 알뜰하게 모아서 장기 휴가를 떠날 수 있다는 점에서 꽤나 매력적인 제도가 아닌가 싶다.

안식휴직은 근속 10년 이상 직원들이 10년차마다 신청할 수 있는 3개월~1년 동안의 휴직으로, 대학이나 연구소의 안식년제와 비슷한 개념이다. 부모 봉양이나 본인의 건강관리 등 원하는 대로 할 수 있다. 3개월 동안은 기본급의 80%가 주어진다.

스스로 근무시간을 조절할 수 있는 시간선택제는 일종의 탄력근무제도다. 직원이라면 누구나 신청할 수 있고, 기본급의 70%, 상여금은 100%가 주어진다. 기간은 3개월. 시간은 두 가지 중 하나를 선택할 수 있다. 하루 4시간 근무 또는 주 2.5일 근무다.

구슬이 서 말이라도 꿰어야 보배라고 했다. 아무리 좋은 제도를 만들었다 해도 뜻대로 실행되지 않으면 제도는 무용지물이 되기 십상이다. 또 직원들이 제도에 대한 의구심을 가지고 있다면 제대로 실행되기도 어렵다.

사실 플랜텍의 직원들은 대부분 '살아남은 자'의 트라우마를 누구보다 깊이 겪고 있는 중이다. 이 때문에 새로운 제도가 도입될 때마다 의욕보다는 의혹을 먼저 내세우기 십상이고, 시행 과정에서 트라우마 자체가 걸림돌이 될 수도 있을 것이다. 물론 '행복경영'을 포함한 새로운 시도들이 자리를 잡아 나가면 트라우마도 저절로 치유가 될 것이다.

이별에 대처하는 우리의 자세

분노가 폭발되어 파탄에 이르지 않고, 우정이 자연스럽게 식어
서로 헤어질 수 있도록 하라. 이것이 앙금을 남기지 않는 결별 방법이다.
- 발타자르 그라시안

"예전에는 은행에서 돈을 빌려주려고 줄을 섰는데, 이제는 돈 빌리려면 제가 줄을 서야 돼요. 그마저도 쉽지가 않더라고요. 그게 워크아웃 전후의 차이죠."

포스코플랜텍의 한 직원이 토로한 '워크아웃의 어려움'이다. 지금은 그래도 상황이 좀 나아졌지만, 잘나가던 예전에 비할 수는 없을 것이다. 오죽하면 은행 대출이 어려워졌다는 푸념이 나오겠는가.
포스코 본사와 플랜텍 두 군데에서 모두 근무해 본 한 중견 간부는, 워크아웃 이전의 플랜텍 직원들의 모습을 '부잣집 도련님'에 빗댔다.

"포스코가 뒤에 있고, 회사도 잘나갔으니까 별 걱정이 없었어요. 늘 일

감이 있었으니까 미래에 대한 고민도 별로 없었죠. 조직도, 회사 분위기도 느슨하고 방만했어요. 문제가 있다는 생각도 안 했어요. 그러다 워크아웃이 다가오니까 어떻게 대처해야 할지를 몰라 우왕좌왕할 수밖에 없었죠. 그야말로 길바닥에 나앉은 부잣집 도련님 신세였다고나 할까…."

책임이 어디에 있건 간에 회사가 어려워지면 으레 가장 먼저 시작하는 것이 인원 구조조정이다. 매우 간단하게 비용을 줄일 수 있는 것은 물론, 채권단에게 보여줄 수 있는 가장 상징적인 조치이기도 하다. 언뜻 엄청난 부채 규모에 비하면 직원들의 임금은 몇 푼 안 되는 것처럼 보일 수도 있지만, 직원 한 사람 한 사람에게 들어가는 기타 비용을 생각하면 결코 적은 돈이 아니다. 게다가 사업 규모를 대폭 축소해야 하는 입장에서는 어떤 형태로든 인원을 축소할 수밖에 없다.

설 명절은 지내고 보냅시다

인원 구조조정 현황을 간단하게 정리하면 2013년 말 기준으로 1,201명이었던 인원이 2017년 7월 말 기준 480명으로 거의 3분의 2가 회사를 그만두었다. 임원도 합병 당시 총 17명에서 6명으로 역시 3분의 2가량이 줄었다. 인력 구조조정에 따른 고정비 절감 효과는 연간 580억 원 정도로 추산된다. 수많은 누군가의 눈물이 남은 사람들에게 준 기회비용인 셈이다.

플랜텍의 인력 구조조정은 크게 보면 세 가지 단계를 거쳤다. 첫 번째는 2014년 유동성 위기가 닥쳐왔을 때였다. 당시 대상은 계약직과 임시직, 징계자 등이었다. 인원은 200명 정도이다.

그리고 2014년 말, 포스코에서 2,900억 원의 증자를 받았지만 전정도 사장의 이란 자금 횡령 등이 밝혀지면서 상황은 나아지기는커녕 오히려 더 꼬여갔다. 결국 포스코 본사에서 플랜텍에 구조조정을 요구했다. 유동성 위기와 함께 채권단 쪽에서 불거져 나오기 시작한 워크아웃 시행을 사전에 막자는 의도가 숨어 있는 선제적 조치였다.

하지만 때는 엄동설한. 소식을 들은 직원들의 분위기도 술렁대기 시작했다. 하지만 경영진이 딱히 해줄 수 있는 것은 없는 상황. 그나마 경영진 회의에서 "사람을 내보낸다고 해도, 적어도 설 명절은 쇠고 보내야 하지 않겠습니까!" 하는 의견이 나와서 시기는 2015년 3월로 연기되었다.

당시 포스코에서 근무하다 플랜텍으로 옮겨와 구조조정을 담당하게 되었던 김모 상무는 "그래도 2차 구조조정은 워크아웃을 막아 보자는 선제적 입장에서 시행했던 거라 그나마 좀 덜 살벌했다."라고 당시를 회상한다.

이 세상에 아름다운 이별이란 없다. 사랑하던 남녀가 이별을 할 때도 남겨진 사람이든 떠나는 사람이든 고통과 아픔과 슬픔을 느끼지 않을 수 없다. 더구나 그것이 흔히 경험하는 것이 아니라 일생에 한 번 겪을까 말까 하는 '구조조정'이라면 떠나는 이들을 보며 '안도감'을 느끼는 것조차 미안하고 죄스러운 법이다.

그런 점에서 최소한 명절이라도 쉰 뒤에 구조조정을 하자고 결정한 것은 '이별에 대한 최소한의 예의'가 아니었을까 싶다.

2015년 3월에 시행된 2차 구조조정은 두 가지 방향으로 진행되었다.

우선 포스코와 협의하여 아웃소싱 형태의 PTC라는 회사를 별도로 만들어 이직을 알선했다. PTC는 플랜텍이 EPC로 전환하기 이전까지 주로 해오던 제철 정비 등을 맡아서 하기로 했다. 임금 수준은 이전 플랜텍만큼 높지 않았지만, 3년 고용을 보장해 주었기 때문에 최소한의 안전장치는 마련해 준 셈이었다.

이런저런 사유로 PTC로 이직을 못하게 되었거나 스스로 거부한 사람들 가운데서 선별된 구조조정 대상은 정년을 앞둔 고령자로 한정했다. 당시 정년은 56세였는데, 곧 정년을 맞이하게 될 고령자들에게 위로금과 퇴직금을 넉넉히 정산해줌으로써 사실상 정년까지의 임금을 보장해주는 방식을 택했던 것이다.

다시 김 상무의 이야기를 들어보자.

"그때는 그래도 시간적으로 크게 쫓기는 상황이 아니었기 때문에 여기저기 다니면서 이직과 전직 알선을 많이 했어요. 포스코 본사는 물론 하도사까지 찾아가서 취업을 부탁했죠."

그렇게 2차 구조조정에서는 총 279명의 희망퇴직 신청을 받아 처리했다. 이 가운데 PTC 이직이 53명, 포스코 외주사 이직 8명, 계열사 전직 26명, 사내 협력사 7명 등 총 94명이 다른 곳으로 자리를 옮겨 계속 일을 할 수 있게 되었다.

찬바람과 함께했던 3차 구조조정

물론 이 기간 동안 인원만 정리한 것은 아니다. 노조와 노경협의회 등 직원 대의기구와의 협의를 통해 무급휴직, 경비절감, 임원 급여 삭감, 임원 해임, 미사용 연차 사용촉진 등 나름의 노력을 기울였다. 잠시 그 당시 '해고'를 회피

하기 위해 시행했던 플랜텍의 비용 절감 노력들을 몇 가지 살펴보자.

■ **임원**

- 임금반납: 대상 전 임원. 단 자문과 고문, 비상근촉탁, 상무보는 제외.
  사장은 기본 연봉 중 월 할액의 20%. 나머지 임원은 10% 반납. 반납기간은 2014년 4월부터 2015년 3월까지 1년간.
- 숙소 및 차량 지원 기준 변경(이 부분은 그룹사 차원에서 전면적으로 시행)
  부사장 이상 전담 기사 지원 ⇒ 사장 이상 전담기사 지원
  상무 이상 숙소 지원/관리비 회사 지원/유틸리티 비용 본인 부담
  ⇒ 사장 숙소 지원/관리비 본인 부담/유틸리티 비용 본인 부담

■ **직원**

- 전 직원 대상 무급휴직 시행
  2014년 8월 16일~2014년 12월 15일 사이에 직원별로 1개월씩 무급 휴직
- 노무비 및 경비절감을 위한 노사합의 및 시행
  시간외 근무수당의 최고한도 기준시간을 하향조정하고, 연차의 의무사용기간을 연 12일에서 최소 10일~최대 20일로 늘려 연차수당의 발생을 최소화한다. 해외 출장 시에는 식비 및 일비를 기존 대비 하루 10달러씩 하향조정하고, 파견 여비도 약 10% 하향조정. 이와 함께 타 지역으로 발령한 직원에 대한 숙소지원비의 지원기간도 2년에서 1년으로 하향조정하는 등 경비 최소화.

하지만 이런 노력에도 부채는 줄어들 줄을 몰랐고, 채권단도 그 정도로는 만족하지 못했다. 안타깝지만 279명의 구조조정 이후에도 상황은 나아지지 않았고, 결국 채권단과 협의하여 워크아웃이 개시되었다. 결국 2차 구조조정이 끝난 지 얼마 되지 않아 곧바로 3차 구조조정이 결정되었다.

채권단의 요구에 따른 3차 구조조정은 확실히 2차 때와는 분위기가 달랐다. 2차 때는 정년을 앞둔 고령자를 중심으로 대상을 선별함으로써 정년까지의 임금을 어느 정도 확보해줄 수 있었지만 3차 때는 그런 방식이 통할 수가 없었다. PTC와 같은 완충지대가 없는 상황에서 2015년 11월, 찬바람이 불기 시작하는 때 3차 구조조정이 시작되었다. 3차 인력 구조조정은 계열사 전직 및 파견 12명, 의원면직 39명, 희망퇴직 195명, 정년퇴직 4명 등 총 250명이었다.

결과적으로 살펴보면 총 250명이 정리된 3차 구조조정에서는 협력사나 관계사로 이직한 인원이 한 명도 나오지 않았다. 이미 1차에서 필요한 인원 이상을 받았기 때문에 더 이상의 여력이 없었기 때문이다. 다만 포스코의 다른 계열사로 자리를 옮기거나 파견 등의 방식으로 소수 인원을 내보내는 정도였다. 또 경력이 오래된 고령자뿐 아니라 성진지오텍으로 입사한 젊은 사원들도 상당수가 칼바람의 희생양이 될 수밖에 없었다. 많은 손실을 본 조선, 해양 플랜트 사업을 접기로 한 상태라 구조조정의 비율은 대략 플랜텍1 vs 성진2 정도였다.

워크아웃에 돌입하기 1년 전인 2014년에 입사했던 한 신입사원은 당시의 분위기를 이렇게 전했다.

"울산 지역에서는 포스코플랜텍이 상당히 좋은 회사로 알려져 있었어요. 매년 두세 배씩 성장하는 우수한 포스코 계열사라고들 했죠. 처음 입사해서 보니까 회사도 크고, 사람도 많고 뭔가 막 신나는 분위기였어요. 그런데 1년도 지나지 않아서 위기설이 돌더니, 결국 워크아웃까지 맞게 된 거죠. 입사 동기들이 총 17명이었는데 지금은 저를 포함해서 8명 남았어요. 절반이 사라진 거죠. 비율로 보면 선배들보다 적게 잘린 셈이지만 기껏 뽑아놓은 신입사원을 절반이나 잘랐다는 건 그만큼 상황이 안 좋았다는 얘기 아니겠어요?"

그런데 당시 상황을 잘 아는 직원들의 얘기를 정리해 보면, 신입사원들의 경우 회사의 권유도 있었지만 미래의 가능성을 따져 보고 스스로 옷을 벗은 사람도 있었던 것으로 보인다. 포스코 계열사에 들어올 정도의 실력이라면 울산 지역에 있는 다른 회사에 충분히 들어갈 수 있었기 때문이다. 또 당시 울산 지역의 경기는 그다지 나쁘지 않았던 것도 한 원인으로 볼 수 있다.

젊어진 포스코플랜텍에 거는 기대

결과론적인 이야기지만, 세 차례에 걸친 구조조정으로 인해 포스코플랜텍은 합병 이전과는 전혀 다른 '젊은 조직'으로 다시 태어났다.

합병 이전의 포스코플랜텍의 인적 구성은 40대와 50대가 주축이었다. 오랫동안 포스코 제철 정비 일을 해오면서 퇴사나 이직이 드물었던 터라 자연스럽게 고령화가 진행된 것이다. 또 업무 특성상 오랜 경험을 가진 직원들이 대우를 받고, 나름 자부심도 가질 수 있었다. 하지만 EPC 기업은 이와는 전혀 다른 젊은 조직을 원한다. 경험도 중요하지만 젊고 창의력 있는 인재들이 새로운 활력을 불어넣을 필요가 있다. 그런데 굳이 뜻했던 것은 아니지만 세 차례의 구조조정을 통해 자연스럽게 조직 전체가 젊어지게 된 것이다. 대충 짐작할 수 있겠지만, '젊은 피'의 대부분은 울산 성진지오텍 출신들이다.

2017년 11월 말 현재 456명의 총 인원 가운데 20대는 7명(2%)으로 매우 낮은 상태다. 워크아웃 상태에서 신입사원을 받지 못했으니 당연한 결과다. 하지만 가장 왕성한 기량을 발휘할 수 있는 30대가 196명(43%)으로 거의 절반에 육박하고 40대도 119명(26%)으로 상당한 숫자다. 물론 플랜텍의 뿌리라 할 수 있는 50대도 134명(29%)으로 여전히 적지 않지만, 40대와 50대가 주축을 이루었던 몇 년 전과 비교하면 확연한 차이를 느낄 수 있다.

플랜텍이 예상보다 빨리 워크아웃을 졸업하고 재상장까지 이루게 된다면 그 힘은 바로 이처럼 젊어진 조직에서 나오게 될 것이다. 역으로 말하자면 이런 '젊은 피'를 잘 활용해야 조기 워크아웃 졸업이 가능하다는 뜻이기도 하다.

아무도 미워하지 않는 자의 죽음

삶의 참된 의미는 나무를 심으면서
훗날 그 나무 그늘에 앉아 쉴 것을 기대하지 않는 것이다.
- 넬슨 헨더슨

최근 〈1987〉이라는 영화가 개봉되면서 많은 화제를 불러일으키고 있다. 소위 "탁 치니 억 하고 죽었다."는 거짓 발표로 1987년 유월항쟁의 도화선이 되었던 '박종철 고문치사사건'이 주요 모티브이자 소재다. 1987년 당시 학생이었건 직장인이었건 한 번이라도 거리에 나가서 '독재타도'를 외쳐 보았거나 지나는 젊은이들에게 뜨거운 박수를 쳐주었던 사람이라면 누구나 눈시울이 뜨거워질 만한 영화다. 누군가는 아련한 추억을 떠올릴 것이고, 또 다른 누군가는 가슴 아픈 기억들을 떠올리게 될지도 모르겠다. 그리고 이어진 6월에는 또 한 명의 학생이 시위 도중에 경찰이 쏜 최루탄에 맞아 목숨을 잃었다. 연세대학교 이한열 군이었다.

박종철과 이한열. 87년 유월항쟁에 대한 평가는 다소 엇갈릴 수 있겠지만, 적어도 이 두 사람의 희생 덕분에 대한민국 사회가 이만큼이나마 민주주의의 진전을 이룰 수 있었다는 것을 부정할 사람은 많지 않을 것이다. 물론 그 바탕에는 얼굴이 알려지지 않은 더 많은 수의 박종철과 이한열의 희생이 깔려 있다.

플랜텍의 상황과 대비를 하자니 조금 과한 느낌이 없지 않지만, 세 차례에 걸친 구조조정 과정에서 옷을 벗고 나간 많은 사람들 역시 자의든 타의든 오늘의 플랜텍을 위해 큰 희생을 한 것이다.

그런데 지난 과정을 복기해 보면 무리 없이 원활한 구조조정이 이뤄진 것이 신기할 정도다. 3분의 2에 가까운 인원이 구조조정을 당했는데도 그 흔한 노사분규 한 번 없었으니 말이다. 물론 앞에서도 밝혔지만, 그럴 만한 몇 가지 이유들은 있다. 하지만 그런 점들을 모두 감안해도 보기 드물 정도로 마찰 없는 구조조정이었다.

하지만 겉으로 평온했다고 해서 수백 명의 인원이 한꺼번에 직장을 떠나는 일이 어찌 속속들이 수월하기만 했겠는가. 떠난 사람은 떠난 사람대로, 남은 사람은 남은 사람대로의 상처를 다만 깊숙이 숨기고 있을 뿐.

당시 노무·인사 담당으로 구조조정 업무를 맡았던 김모 부장은 당시 회사를 떠나는 직원들이 놓고 나간 사원증과 근무복, 컴퓨터 등이 산처럼 쌓인 모습을 사진으로 찍어서 아직도 보관하고 있다.

"비참했어요. 아무 말도 없이, 정말 순한 양처럼 자신의 분신을 그렇게 놓고 나간 흔적들을 보고 있으면 나도 몰래 눈물이 나더라고요. 마치 전쟁터에서 죽은 병사들의 철모와 인식표를 쌓아 놓은 것 같은 그런 기분이었어요. 지금도 그 사진을 보면 울컥하지만, 이상하게 그 사진을 지울 수가 없네요."

그렇게 조용히 떠난 사람들 가운데 일부는 다른 데서 자리를 잘 잡아서 지금도 근무하고 있고, 장사를 시작하거나 새로운 일에 뛰어든 사람도 있다. 하지만 옮겨간 회사가 갑작스레 문을 닫아버리는 바람에 오갈 데가 없어진 사람들은 옛 동료를 찾아와, 왜 그때 조용히 회사를 떠났는지 모르겠다고 후회를 하기도 한다. 심지어 그 회사를 소개해 준 임원을 찾아가, 자기를 내보내기 위해 곧 문을 닫을 회사인 줄 알면서도 속였다고 큰 소리로 항의를 하기도 했다.

또 일부 사람들은 자신과 다른 출신을 가진 현 근무자들을 향해, 점령군에게 다 빼앗기고 쫓겨났다며 원망을 하기도 했다. 2년여가 지나고 보니 그마저도 벌써 옛날 일이 되어버렸지만, 당시 구조조정을 진행했던 소위 '칼잡이'들은 지금도 마음이 편치 못하다.

하지만 그 반대의 경우도 있다. 구조조정 대상이 아닌 줄 알면서도 스스로 담당자를 찾아와 명예퇴직 지원서를 낸 몇몇 직원들의 이야기다. 당시 김 상무의 기억이다.

"어느 날 여직원 둘이 나를 찾아왔어요. 같이 온 건 아니고, 따로따로 왔는데 내용은 같았어요. 명예퇴직을 하겠다는 거였죠. 3차 구조조정 때까지 명단에 오른 적도 없었고, 앞으로도 그럴 가능성이 거의 없는 직원들이었죠. 일도 잘하고, 평가도 좋고…. 그래서 왜 퇴직을 하려느냐고 물었더니 '저는 아직 젊고 능력도 있잖아요. 마음만 먹으면 얼마든지 다른 곳에 갈 수 있지만 플랜텍을 떠나면 갈 곳이 없는 분들도 많잖아요.

그분들에게 제가 양보를 하는 게 맞는 것 같아요' 하는 거예요. 몇 번 만류를 해봤지만 뜻을 굽히지 않아서 결국 명예퇴직 처리를 해주었죠. 그 여직원들 덕분에 두 명의 고참 직원이 구제를 받았습니다."

그 여직원들의 속마음을 지금 와서 알 수는 없는 노릇이다. 하지만 분명한 것은 그들은 나름대로 자신을 희생했고, 덕분에 다른 두 명은 자신도 모르는 사이에 올라갔던 심판대에서 역시 자신도 모르는 사이에 내려와 그냥 회사 생활을 계속하고 있다는 사실이다.

김 상무의 휴대전화에는 또 다른 여직원의 메시지가 고이 간직되어 있다. 두 여직원처럼 스스로 희생을 한 것은 아니지만 명예퇴직을 흔쾌히 받아들이고 떠난 직원이 남긴 마지막 인사다.

상무님, ㅇㅇㅇ입니다.
울산공장 오실 때 맞춰 인사를 드리려 했는데 미처 못 뵈어서 문자 드립니다.
한때나마 저의 임원이셨고, 늘 편안하게 해주셨던 걸 잊을 수 없을 것 같습니다.
늘 건강하시고 늘 행복하시길 기도드립니다.
_ 울산에서 ㅇㅇㅇ 드림

80년대에 대학생들 사이에서 꽤 인기를 끌었던 유명한 책이 한 권 있다. 〈아무도 미워하지 않는 자의 죽음〉. 히틀러와 나치에 반대하는 전단을 만들어 배포했다는 죄목으로 교수형에 처해진 독일 대학생 남매의 이야기다. 오직 '자유'를 원했을 뿐 아무도 미워하지 않았던 순수한 남매의 이야기를 살아남은 또 다른 누이가 훗날 기억을 되살려 쓴 자전적 소설이다.

너무나 조용하게, 별다른 잡음 없이 진행된 플랜텍의 구조조정 과정을 돌아보면서, 그 속에서 아무 말 없이 조용히 물러난 직원들의 쓸쓸한 뒷모습을 떠올려본다. 아무도 미워하지 않았고, 누구도 원망하지 않았던 그들의 조용한 퇴장 덕분에 오늘의 플랜텍이 있는 게 아닐까 싶다.

무너진 대마불패의 신화

일의 성공을 위하여 필요하다면 어떤 조직도 개혁하고 어떤 방법도 폐기하고
어떤 이논도 포기할 각오가 있어야 한다.
- 헨리 포드

악재가 겹치고 겹쳐서 일어난 '상상도 못한 일'

지난 2017년 크리스마스를 앞두고 그야말로 '세상에 이런 일이'에 나올 만한 일이 밝혀져 전 세계를 깜짝 놀라게 했다. 60년 동안 '절친'으로 지내온 두 사람이 알고 보니 '형제'였다는 사실이 밝혀진 것이다. 주인공은 하와이의 오아후 섬에 사는 앨런 로빈슨과 월터 맥팔레인.

입양아였던 로빈슨과 아버지가 누군지 모른 채 자란 맥팔레인은 우리나라로 따지면 초등학교 6학년 때부터 절친이 되었고, 이후 60년 동안 절친으로 지냈다고 한다. 그러다 2017년 어느 날 문득 잃어버린 가족을 찾고 싶다는 생각이 든 맥팔레인이 유전자 검사로 가족을 찾아준다는 회사를 통해 유전자 검사를 했고, 같은 회사에 등록돼 있던 로빈슨이 바로 잃어버린 형제라는 사

실을 알게 된 것이다.

상상할 수도 없는 일이지만, 이와 같은 '해외토픽' 감은 생각보다 많다. SNS를 통해 자신과 꼭 닮은 사람을 발견하고 '친구신청'을 했는데 알고 보니 그 여성이 바로 어린 시절 헤어진 쌍둥이 자매였다는, 믿지 못할 일도 실제로 있었다.

세상에는 이처럼 생각지도 못했던 일이 의외로 자주 벌어진다. 814만분의 1이라는 거의 불가능한 확률을 뚫고 로또 1등에 당첨되는 사람이 어쨌든 매년 수십 명씩 나오고 있고, 그보다는 확률이 좀 낮지만 '번개에 맞아 죽는' 사람도 매년 수십 명씩 발생한다.

포스코플랜텍이 워크아웃에 이르게 된 과정도 '현실'로 벌어지기 전까지 거의 누구도 생각지 못했던 일이었다. 로또나 벼락을 맞은 것과 다른 점은 사전에 조짐들이 이미 보이고 있었던 점이라고나 할까.

잘 알려져 있는 대로 플랜텍은 포스코의 자회사 가운데 워크아웃에 들어간 첫 번째 케이스다. 더구나 워크아웃 직전에 2,900억이라는 거금을 투입했기 때문에 워크아웃을 예상할 수 있었던 사람은 거의 없었을 것이다. 비록 성진지오텍의 전 사주 전정도 회장의 횡령이라는 예상치 못한 암초가 있었지만, 정상적인 상태라면 포스코 본사도, 플랜텍도 워크아웃까지 갈 만한 충격은 아니었다.

물론 성진과의 합병의 효과가 시너지보다는 마이너스로 나타난 부분이 더 많고, 야심차게 추진했던 해외 사업이 대부분 큰 손실을 맞았던 것도 적지 않은 충격이었다. 게다가 EPC 전환이 원활하게 이뤄지지 않으면서 국내 사업 역시 지지부진했다. 말하자면 크고 작은 악재들이 연속으로 이어지면서 이를 흡수할 만한 체력이 바닥이 났고, 결국 '벼락을 맞은 듯한' 큰 악재가 되어버린 셈이다.

당시 포스코플랜텍의 자금팀장을 맡았던 강모 부장은 당시 상황을 이렇게 기억한다.

"지오텍과 합병 이전까지는 무차입 경영을 했어요. 그러다 합병을 전제로 700억 원을 빌려서 성진에 빌려주었는데, 합병하고 보니 6,000억 원의 차입이 있더군요. 그래서 증자를 두 번이나 했죠. 상당한 부채가 생겼지만, 채권단에서 이자를 5%대에서 3.7~3.8% 정도로 낮춰 줬어요. 그때까지는 해피했죠. '이 정도면 울산 사업 정리하면서 충분히 회복할 수 있겠다' 그렇게 생각했어요."

현금이 아니라 미래가치에 대한 불신

앞에서도 기술했지만, 당시 플랜텍의 워크아웃 돌입은 내부 사정도 문제였지만, 외부 사정이 더 큰 문제였다고도 볼 수 있다. KT의 계열사인 KTENS가 법정관리에 들어가고, 포스코에서도 다른 기업과 51대 49의 지분을 가지고 있던 자회사 하나를 결국 파산처리하게 되면서 플랜텍의 채권단에서 '대마불패'의 신화를 믿지 못하게 된 것이다. 즉 2,900억 원 증자를 끝으로 꼬리 자르기에 들어가는 게 아닐까 하는 의구심 속에서 플랜텍의 부채를 일시에 상환하도록 요구했던 것이다.

다시 강 부장의 기억이다.

"사실 대한민국의 어떤 회사라도 부채를 일시에 갚으라고 하면 바로 그날로 부도가 나게 될 거예요. 부채만큼 '현금'을 가지고 있는 데는 거의 없으니까요. 설사 돈이 있다고 해도 그걸로 빚을 다 갚고 나면 회사를 움직일 수가 없죠. 은행은 기업이 가지고 있는 현금이 아니라 '가치'를 보고 돈을 빌려주는 거잖아요. 그러니까 상환일이 되면 어느 정도 원금을 갚도록 하고 나머지는 만기를 다시 연장해 주죠. 어느 정도 연체가 발생해도 머리를 맞대고 함께 문제를 해결해나가는 게 일반적이죠. 그렇게 기업이 살아야 은행도 사는 건데, 금융권이 약속이라도 한 듯 만기 연장을 안 해주면서 차입금 한도까지 줄이니까 유동성에 문제가 생길 수밖에 없었죠. 적어도 몇백 억 정도의 유동자금이 있었는데도 불구하고 부채 상환에 다 쏟아 부어도 모자라니까 결국 손을 들 수밖에 없었어요."

당시 공식적으로 알려진 금융권 연체 금액은 총 892억 원. 연 5,000억 원의 매출을 올리는 기업의 연체금액으로 보면 결코 크다고 할 수 없는 금액이었다. 결국 플랜텍의 현금이 아니라 미래가치를 금융권이 믿지 못했던 셈이다.

따지고 보면 한국 기업사에 있어서 '정치적인' 문제와 얽히지 않은 기업이 대주주가 멀쩡히 살아 있는 상태에서 일시적인 자금 경색 문제로 워크아웃까지 이르게 된 경우를 찾아보기는 쉽지 않을 것이다. 바로 그런 점 때문에 '매우 드문 확률'이라는 이야기가 안팎에서 나오고 있는 것이다.

어쩌면 플랜텍은 훗날 재계나 금융권 모두 한번쯤 꼼꼼히 되짚어보면서 함께 살펴보아야 할 훌륭한 사례가 될지도 모를 일이다.

자식과 마누라 빼고는 다 팔아라

한때 삼성 이건희 회장이 "자식과 마누라 빼고는 다 바꿔라." 하고 '혁신'을 주문하면서 화제가 되었다. 워크아웃에 돌입한 기업도 이와 비슷한 상황에 처한다. 단, 혁신이 아니고 매각이다. 말 그대로 자식과 마누라 빼고 팔 수 있는 건 다 팔아서 빚을 갚아야 한다. 워크아웃에 돌입하게 된 원인이 바로 '부채'이고, 굴레를 벗어나는 가장 빠른 길이 바로 '매각'이다.

정상적으로 돌아갈 때는 아무런 문제가 없지만 일단 '워크아웃'이라는 딱지가 붙으면 브랜드 가치는 물론 가지고 있던 재고나 자산, 인적 역량까지 모든 것이 '청산가치'로 평가되면서 상당한 마이너스를 감수해야 한다. 특히 워크아웃 상태에서 상장이 폐지되면 주식은 그야말로 휴지조각이 되고 만다. 울산 성진지오텍 출신의 대리급 직원은 상장이 폐지되던 때의 경험을 이렇게 얘기한다.

"처음 합병을 할 때는 회사의 미래에 대한 기대가 상당히 컸어요. 그리고 회사 쪽에서도 증자를 위해 우리사주를 사라고 독려를 많이 했죠. 대출을 받으면서까지 상당량을 사들인 직원도 있었고요. 그런데 어느 날 갑자기 워크아웃에 들어가고 상장이 폐지되면서 그야말로 쪽박을 차게 된 셈이죠. 그래도 주가가 급락한 상태에서 손실을 감수하면서 팔아 버린 직원들은 그나마 좀 낫지만, 혹시나 하면서 끝까지 버티고 있었던 분들은 거의 다 날렸다고 봐야죠."

워크아웃에 들어가기 전인 2015년 8월 6일, 포스코플랜텍에서 정리한 '경영정상화 방안'에 따르면 2015년 1Q(1/4 분기) 기준 총 부채 규모는 5,636억 원이었다. 줄잡아 약 6,000억 원의 부채를 단기간에 갚는 길은 자산을 매각하는 것밖에 없었다.

회사를 떠난 사람은 물론 남은 사람들도 우리사주를 내다 팔던 시점에서, 회사도 가능한 모든 것을 청산하기 시작했다. 이 가운데 가장 먼저 시작한 것은 국내외의 각종 악성 프로젝트들을 정리하는 것이었다. 손실이 큰 공사는 가능하면 중단하고, 끝까지 진행하게 될 경우라면 원청사와 협의해서 프로젝트의 방향을 수정하거나 플랜텍에서 제대로 할 수 있는 부분까지만 진행하도록 했다. 협의가 잘 된 경우에는 일정한 손실을 감수하기로 했고, 남원프로젝트 등 소송에 돌입한 경우도 있었다.

2015년 1/4분기 당시 채권단이 실사해 본 결과 부실 프로젝트로 인한 손실은 총 2,656억 원에 이를 것으로 전망되었다. 금융보증부채와 공사 중단으로 인한 하도사 미지급금, 지체상금, 위약금, 손해배상금 등을 정리 또는 추산한 결과였다. 그리고 2년여 동안 차근차근 정리를 한 결과 2017년 8월 기준으로 국내외 프로젝트로 인한 최종 리스크는 713억 원으로 대폭 줄어든 것으로 집계되었다.

국내외 부실 프로젝트 정리와 함께 자산 매각도 병행되었다. 플랜텍이 보유하고 있는 부동산 중 본사 건물을 제외하고 합병 전 성진지오텍의 자산이었던 울산 1·2·3 공장과 직원 기숙사가 주요 매각 대상이었다. 직원 기숙사는 울산 이외의 지역에서 온 직원들을 위해 마련한 소형 아파트로 총 33채가 있었다. 이 가운데 1·2·3 공장은 2017년 12월 현재, 여전히 매각이 진행 중이고, 기숙사는 2015년에 총 11억 원에 12채, 2016년에 나머지 21채를 19억 5,000만 원에 매각 완료했다.

플랜텍이 2015년 9월에 채권단에 제출한 '경영정상화계획 이행을 위한 약정서'(이하 약정서)에 따르면 울산 기숙사는 2016년 12월까지 총 29억 원에 매각을 완료하기로 되어 있었다. 따라서 예정된 기간 내에 예상보다 1억 5,000만 원을 초과한 금액으로 약정을 이행한 셈이다. 반면에 아파트에 비해 덩치가 큰 공장은 사정이 좀 다르다.

약정서에 따르면 울산 1·2·3 공장은 2018년 12월까지 매각을 완료하기로 되어 있는데, 기한이 1년 남짓 남은 2017년 12월 현재 1·2공장은 우여곡절 끝에 두 차례 매각이 유찰되었고, 3공장은 아직 본격적인 협상 단계에 접어들지 못한 상태다. 1공장과 2공장은 한 차례씩 낙찰을 받은 곳이 있었지만 계약금을 납입하지 않은 바람에 계약이 무산되었다.

채권단은 물론 플랜텍의 입장에서도 하루라도 빨리 공장을 매각해서 부채를 청산해야 한다. 천문학적인 부채에 따른 이자 부담이 적지 않은 상황에서 상당한 액수의 부채가 줄어든다면 그만큼 부담도 줄어들 것이기 때문이다. 그럼에도 매각이 원활하게 이뤄지지 않은 데 대해 전문가들은 몇 가지 이유가 있는 것으로 분석한다.

우선 현 시점에서 공장이 자리하고 있는 울산 지역의 경기가 좋지 못하다. 전반적으로 기업의 설비투자가 감소하는 추세에서 공장용지를 새로 장만할 만한 회사가 많지 않다.

둘째로 경기불황이 이어지면서 부도를 맞은 업체들이 늘어나고, 이에 따라 여러 곳의 공장이 매물로 나와 있는 상태. 즉 수요가 적은 데다 매물은 늘어나 있으니 매각이 쉽지 않다.

셋째로 이런 상황에서 '제값'을 고집했다. 공장용지 가격이 하락하는 상황에서 제값을 받겠다는 것은 상대적으로 '고가'를 고집한 것과 마찬가지 현상으로 나타나게 된다.

　마지막 넷째로 공장의 규모가 너무 크다. 제1공장이 50,810.2㎡(약 15,370평)이고 제2공장이 102,568.3㎡(약 31,000평), 제3공장 105,751㎡(약 32,000평)이다. 만만한 규모가 아니다.

　울산 공장을 제외하면 플랜텍은 유동 자산이건 고정 자산이건 팔 수 있는 건 다 팔거나 매물로 내놓았다. 뼈를 깎는 심정으로 3분의 2 가까이 함께 일하던 직원들을 내보냈고, 3년째 임금과 상여금 등을 거의 동결한 상태에서 긴축 재정을 유지하고 있다.

　하지만 플랜텍도 알고, 채권단도 안다. '마누라와 자식 빼고' 다 팔아버리는 게 워크아웃 졸업의 핵심이 아니라는 것을. '행복한 경영'과 각종 교육, 그리고 최대한의 긴축과 매각 등의 노력은 회사를 가볍고 스마트하게 바꾸는 기초 체력 개선이다. 이와 함께 '미래의 먹거리'를 준비하지 않으면 크게 달라지는 것은 결국 없다. 2017년 말의 재무 상황은 여러 면에서 청신호를 보여주고 있지만, 부채 규모는 사실상 크게 달라진 것이 없다. 울산 공장을 매각해도 상황은 크게 달라지지 않을 것이다.

　그렇다면 플랜텍은 '워크아웃 조기졸업'과 함께 조기 재상장을 위해 과연 무엇을 준비하고 있을까?

인생이 끝날까 봐 두려워하지 말고 당신의 인생이 시작조차 하지 않을 수 있음을 두려워하라. - 한센

제3부

함께 가자 우리 이 길을

posco
포스코플랜텍

젊은이 처럼

제3부 함께 가자 우리 이 길을

팔 것이냐 살릴 것이냐 그것이 문제로다

인생이 끝날까 봐 두려워하지 말고
당신의 인생이 시작조차 하지 않을 수 있음을 두려워하라.
- 한센

어린 시절에 즐겨 읽었던 동화 가운데 〈황금알을 낳는 거위〉가 있다.

어느 가난한 농부의 집에 거위가 한 마리 있었는데, 매일 황금알을 한 알씩 낳아주는 덕에 살림이 확 펴지게 되었다. 그런데 어느 날 큰 부자가 되고 싶다는 욕심이 생긴 농부가 거위의 뱃속에 가득한 황금알을 꺼내기 위해 그만 거위를 죽여 버렸다. 결말은 누구나 아는 대로 '비극'으로 끝나고 말았다.

'황금알'처럼 대단한 것이 아니라도, 당장 부족한 듯 생각이 들어서 욕심을 부리다가 낭패를 보는 일이 현실세계에서는 심심찮게 벌어지곤 한다. '청산가치'와 '영업가치' 사이에서 방황하고 있는 플랜텍의 오늘을 보면서 곱씹어 살펴보게 되는 우화다.

플랜텍은 2015년 9월부터 2년 3개월 동안 예상 밖의 선전을 보이고 있다. '약정서'에서 약속한 대부분의 사항을 이행했고, 덕분에 튼튼하고 건강한 체질로 거듭났다. 그리고 현재까지의 매출도 약정서에서 크게 벗어나지 않고 있다.

2015년 말에 4,577억 원 매출에 영업이익이 마이너스 1,273억 원이었는데, 2016년에는 3,602억 원의 매출에 영업이익이 플러스 100억 원으로 돌아섰다. 그리고 2017년에는 3,769억 원 매출에 410억 원의 영업이익을 거둘 것으로 예상되고 있다. 더구나 새로운 매출 사업을 시도할 수 없는 워크아웃 상황임을 감안하면 상당히 선전한 셈이다.

물론 채권단의 입장에서 보면 아직은 '배가 고프다'고 할 수 있겠다. 영업이익만 상승했을 뿐 총 부채 규모는 거의 그대로이고, 대부분의 물량이 포스코에 한정돼 있는 상황에서는 언제 부채를 다 청산할 수 있을지 요원하게 보일 것이다. 주판알을 튕겨 보지 않을 수 없다.

채권단과 플랜텍이 굴리는 주판은 서로 다르겠지만, 기준은 정해져 있다. 그것은 바로 플랜텍의 문을 닫고 빚잔치를 하려 할 때 얻을 수 있는 '청산가치'와 사업을 계속 유지하도록 했을 때 얻을 수 있는 '계속기업가치'다. 채권단의 입장에서는 청산가치가 계속기업가치보다 크면 클수록 빨리 파는 게 유리하고, 계속기업가치가 크면 오히려 영업을 더 잘할 수 있도록 각종 지원을 해주는 게 당연하다.

그렇다면 2017년 현재 플랜텍의 청산가치와 계속기업가치는 과연 어떻게 될까?

2017년 9월의 한 자료에 의하면 계속기업가치는 3,262억 원으로 2,824억 원인 청산가치보다 약 438억 원이 더 높은 것으로 나타났다. 즉 플랜텍이 계속 영업을 하도록 하는 것이 채권단에도 유리하다는 얘기.

물론 채권단 입장에서는 따져보아야 할 사항들이 많다. 일단 위 수치는 포스코 LOC 물량의 85% 이상을 플랜텍이 수주한다는 조건이기 때문에 여기에 따라 수치는 크게 변동될 수 있다. 또 하나는 현재 영업이익의 수준으로는 원금은커녕 이자를 갚기에도 급급한 상황이라는 것이다. 또 울산 공장의 매각이 2018년 이내에 완료되지 않을 경우도 수치상 변동이 불가피하다. 말하자면 이 수치를 그대로 받아들이기 위해서는 몇 가지 선결조건이 충족되어야 한다는 이야기다. 하지만 설사 상황의 변동에 따라 다소의 수치가 조정된다 해도 영업가치는 크게 줄어들 것 같지는 않다. '청산'을 선택할 경우 그에 따른 리스크 역시 상당히 큰 데다 성공적으로 체질을 바꾸고 있는 플랜텍의 변화를 보면 수치만으로 환산할 수 없는 무형의 가치를 발견할 수 있기 때문이다.

본래 지갑이 든든할 때는 한 끼쯤 걸러도 별로 허기를 크게 느끼지 않는다. 배가 고프면 언제든 사먹을 수 있기 때문이다. 지식도 마찬가지고 능력도 마찬가지다. 조금 상황이 어려워졌다고 해도 초조해하거나 불안해하지 않는다. 언제든 회복할 수 있다고 믿기 때문이다.

지금의 플랜텍은 2015년의 플랜텍과 많이 다르다. 직원들의 의지도 능력도 생각도 바뀌었고, 분위기도 '할 수 있다'는 힘이 느껴진다. 매출도 달라졌고, 영업이익도 플러스로 전환되었다. 플랜텍을 바라보는 포스코 본사의 시선도 많이 바뀌었다. LOC 물량 85% 발주 약속도 지금의 플랜텍이라면 믿고 맡길 것이다. 특히 최근에는 지금까지 한 번도 해 보지 않았던 수천억 원짜리 고로 개수 공사를 성공적으로 완수함으로써 사업을 발주한 포스코 본사는 물론 플랜텍 직원들의 사기도 충천한 상태다.

플랜텍의 워크아웃은 2019년까지로 예정되어 있다. 이 약속이 계속 이행되느냐 아니냐의 여부는 일차적으로 플랜텍에 달려 있다. 경영정상화 가능성이 희박하거나 부도, 유동성 악화 등이 발생한다면 채권단의 입장에서는 청산가치를 실현하기 위해 당장 매각에 나서거나 또 다른 비상조치를 취할 것이다. 이럴 경우 포스코의 입장도 난처해진다. 포스코 전체의 브랜드 가치가 하락하면서 그룹사 전체에 대한 차입금 상환 요구가 발생할 수 있고, 신용등급의 하락과 이에 따른 이자율 상승도 예상할 수 있다.

반면에 2019년까지 지금의 추세가 계속 이어지고 결국 워크아웃 졸업까지 이뤄낼 수 있다면 채권단으로서는 그 시점까지의 이자를 챙기는 것은 물론 부채 전체를 회수할 가능성도 더욱 높아진다. 포스코 본사 역시 적극적 지원으로 플랜텍을 되살려냄으로써 브랜드의 신뢰도를 제고하고, 금융사와의 관계 역시 더욱 돈독해질 것이다.

지금 현재 눈에 보이는 수치가 아니라 움직이고 있는 사람들, 미래가치를 본다면 판단은 많이 달라질 것이다. 플랜텍이 비록 매일 황금알을 낳아주는 거위는 아니지만, 지금 이대로 성장을 해나간다면 채권단의 입장에서 두고두고 함께 갈 만한 파트너는 될 수 있을 것이다.

포스코의 약속, 플랜텍의 약속

약속으로 배가 채워지지는 않는다.
- 찰스 H. 스펄전

플랜텍의 워크아웃 졸업에 걸린 핵심 의제 중 하나는 바로 포스코 본사의 LOC 물량 확보다. 플랜텍의 대주주인 포스코는 워크아웃 관련 협의에서 2017년까지 매년 4,000억 원 수준의 물량을 플랜텍에서 수주할 수 있도록 하겠다고 약속했다. 조금 거칠게 표현하자면 해외 플랜트나 신규 사업 진출이 꽉 막혀 있는 플랜텍으로서는 포스코의 LOC 물량이 바로 생명줄인 셈이다.

실제로 2017년까지 플랜텍에서 수주한 사업 중 포스코 본사 물량의 비중은 거의 절대적이다.

잠시 2017년 말까지의 LOC 이행률을 한번 살펴보자.

(단위: 억 원)

연 도	2015년	2016년	2017년
LOC 계획	5,200	3,600	2,600
실 적	4,882	1,412	5,215
차 이	△318	△2,188	2,615
실적률	93.9%	39.2%	200.6%

    표만 보면 매해 증감폭이 커서 의아스럽겠지만, 이 수치에는 그 나름의 사연이 있다.

    우선 2015년에는 93.9%로 대체로 만족할 만하지만 2016년은 1,412억 원으로 계획 대비 39.2%의 실적을 올리는 데 그쳤다.

    그리고 2016년의 경우에는 포스코 본사의 총투자규모가 감소하면서 LOC 물량 자체가 상당히 축소되었다. 그리고 해외 공사 리스크로 인해 수주를 이행하지 못한 부분이 있었고, 포스코 본사에서 2016년에 계획했던 사업을 2017년으로 이월한 부분도 있다.

    2017년까지 LOC 물량의 85%를 수주할 수 있도록 한다는 포스코와 채권단의 합의를 바탕으로, 이처럼 2017년까지 연간 4,000억 원이라는 약속 물량에 상당히 근접하는 실적을 거두었다. 예정대로 진행된다면 2019년까지 플랜텍은 '기업 청산'에 대한 걱정 없이 기술 개발 및 신사업 물량 확보 등 미래를 위한 준비를 해나가면 된다.

    플랜텍의 미래 준비 역시 포스코의 LOC 물량과 깊은 관련이 있다.

    2015년의 경우 플랜텍이 수주한 4,882억 원의 LOC 물량 가운데 가장 큰 비중을 차지하는 것은 고로 개수 등을 포함하는 합리화 사업 분야로 총 3,294억 원의 매출을 올렸다. 즉 3분의 2 가까운 물량이 합리화 사업 분야인 셈이다. 이와 더불어 정비성 투자 분야에서 1,077억 원, 물류(MHS/BHS) 분야에서 429억 원, 기타 88억 원 등이다.

    매출의 분포에 따른 플랜텍의 미래 준비는 대략 다음과 같은 방향에서 이루어지고 있다.

    고로 개수와 코크스 분야에서는 이 분야의 선배이자 경쟁자이기도 한 포스코건설에 비해 높은 '가성비'를 증명하는 게 선결과제다. 일단 채권단과의 협의에 따라 어느 정도 1차 물량을 확보했지만, 사실 플랜텍은 이 분야에서는 '초짜'나 다름없는 상황. 하지만 포스코에서도 만족할 만한 성과를 내고 사업을 마무리했으므로 다음 사업까지 욕심을 내야 한다. 그러기 위해 플랜텍은 포스코건설보다 저렴한 비용에 더 만족할 만한 기술력을 확보하기 위해 힘을 쏟고 있다. 이는 또한 향후 포스코 패밀리사의 업역을 정리할 때 합리화 사업 분야를 플랜텍에서 가져올 수 있는 토대가 될 것이다. 또한 고로와 코크스 이외에도 포스코건설이 발주하는 각종 EPC 사업에 하도사로 적극 참여하는 것도 중요하다. 이 역시 패밀리사 업역 정리에서 참고가 될 것이다.

    플랜텍의 뿌리라고도 할 수 있는 정비성 사업에도 다시 눈을 돌리고 있다. 예전과 같이 대규모 인력을 동원하는 '인건비 따먹기' 방식은 더 이상 통하지 않는다. 이제는 그동안 축적된 경험을 바탕으로 포스코에서 원하는 맞춤형 서비스를 개발하고, 제공해야 한다. 플랜텍에서 시도하고 있는 업그레이드가 제대로 이뤄지면 정비성 사업 분야에서 연간 1,000억 원 내외의 수주는 큰 무리가 없을 것으로 보인다.

    다음으로 신경을 써야 할 곳은 바로 물류 분야. 플랜텍으로서는 상당한 경험과 능력이 축적돼 있는 분야다. 오랫동안 포스코의 포항과 광양 제철소의 원료 및 완제품 이송 시스템을 설치/관리해 왔고 인천공항 화물터미널의

BHS 사업에서도 상당한 노하우를 축적한 상태다. 인천공항의 경우에는 BHS 3단계 증설사업까지 수주하였다. 이런 기술력과 노하우를 바탕으로 포스코와 장기 계약을 체결하게 되면 연간 500억~1,000억 원 수준의 물량을 안정적으로 확보할 수 있게 될 것이다.

이와 더불어 포스코와 연계된 그룹 차원의 R&D 역량과 연계된 각종 신사업의 개발 및 대외사업도 준비하고 있다. AFC와 전기집진기 등을 개발 중이고, 선회식 연소기와 위험 지역에 활용할 수 있는 자동화 로봇도 연구하고 있다.

21세기에 들어서면서 기업 생태계는 더욱 냉정하고 살벌해지고 있다. 스스로 일어설 만한 잠재력과 의지가 없으면 아무리 그룹 본사에서 힘을 실어줘도 재기하기 힘들다.

약속은 달콤하지만, 약속 그 자체를 먹고 살 수는 없는 법. 플랜텍은 이런 사실을 잘 알고 있는 듯하다. 그래서 플랜텍은 일단 2017년까지는 고로 및 코크스 사업 등 중점사업을 통해 연간 4,000억 원 정도의 LOC 물량을 확보하고, 이를 바탕으로 맞춤형 사업과 신사업 창출, EPC 능력 개발로 워크아웃 이후를 대비하겠다는 것이다.

용광로보다 뜨거운 열정

무엇인가를 이루려면 10년은 걸린다.
몇 날 밤이고 진지하게 10년 후의 청사진을 그려 보라.
- 박태준

유대인의 삶의 지침서인 〈탈무드〉에는 "아이에게 물고기를 주지 말고 물고기 잡는 법을 가르쳐주라"는 유명한 가르침이 있다. 생선을 주면 하루 동안 먹을 수 있지만, 생선 잡는 법을 가르치면 평생 스스로 먹고살 수 있다는 뜻이다. 이 가르침은 어린이만이 아니라 어른들 세계에서도 아주 요긴하게 쓰이곤 한다.

플랜텍의 미래를 위한 포스코의 선택 가운데 하나도 바로 이와 비슷한 경우라 할 수 있다. 포스코는 위기에 처한 플랜텍을 구하기 위해 2014년 말에 2,900억 원을 증자했다. 이로써 기력을 회복하고 다시 한번 뛰어보라는 배려였다. 하지만 뜻밖의 암초를 만나 2,900억 원이라는 거액이 별무소용이 되어 버렸고, 포스코는 또 다시 깊은 고민을 하지 않을 수 없었.

그 당시 포스코에서 내린 결단은 크게 두 가지다. 하나는 조청명 사장을 비롯한 포스코의 인력을 일종의 '특공대'로 플랜텍에 파견해서 위기를 돌파하게 하는 것, 두 번째는 '생선 잡는 법을 가르쳐주는 것'이었다.

'특공대'의 역할은 지난 2년 반의 시간 동안 충분히 검증되었다. 난파선의 선원들처럼 사분오열되어 열패감에 사로잡혔던 플랜텍의 직원들을 하나로 모아 안정 궤도에 올려놓았고 '우리도 할 수 있다'는 분위기를 만들어냈다. 그리고 EPC 회사로서 갖춰야 될 역량도 차근차근 준비시키고 있다. 완결된 것은 아니지만 기대했던 대로의 역할을 해내고 있는 셈이다.

그렇다면 포스코에서 알려준 '생선 잡는 법'은 무엇일까? 그것은 바로 앞에서 길게 설명했던 플랜텍 매출의 효자손 '고로 개수' 사업이다. 고로(高爐)는 한마디로 둥글게 세워진 용광로(鎔鑛爐)다. 보통 높이가 4~50미터 정도로 높기 때문에 '높을 고(高)'자를 써서 고로라고 부른다. 고로 개수 사업이 생선 그 자체가 아니라 생선을 잡는 법이 되는 이유는 매출액이 2,000억 원을 넘을 정도로 높은 데다 일회성이 아니라 지속적인 사업이기 때문이다. 뿐만 아니라 일반적인 엔지니어링 회사에서는 엄두도 낼 수 없는 고도의 기술집약적인 사업이기도 하다. 플랜텍으로서는 말 그대로 상당한 단기 매출을 올리는 것은 물론 평생을 먹고살 만한 고급 기술을 보유하게 되는 셈이다.

플랜텍에서 2015년부터 맡아서 진행했던 사업은 '제3고로 개수 사업'. 2017년 6월에 이 사업이 마무리되자 전국의 주요 신문들이 일제히 주요 기사로 다루었다. 그만큼 크고 의미 있는 사업이었다는 얘기다.

40년 된 포스코 제3고로 스마트 용광로로 재탄생

포스코 포항제철소의 제3고로(용광로)가 102일간의 개수 공사를 마치고 세계 5위

규모의 초대형 용광로로 다시 탄생했다.

이로써 포스코는 내용적 5,500m³ 이상의 초대형 고로 5기를 보유하게 됐다. 내용적 5,500m³ 이상의 고로는 세계에서 14개뿐이다. 포스코는 포항 3고로 개수 설계 단계에 고로 수명을 예측해 이를 늘리는 기술과 고로 내부 상태를 자동 제어하는 기술을 적용했다. 또 가동 초기부터 용광로 내·외부 상태를 모니터링하고 빅데이터를 수집해 인공지능(AI)을 활용한 '스마트 고로'로 발전시킬 수 있는 토대도 구축했다.
- 〈동아일보〉 2017년 6월 7일

당시 동아일보는 이 기사의 말미에 '포스코 관계자'의 입을 빌려 "29회에 걸친 포스코의 개수 경험이 집약된 작업을 통해 포항 3고로는 앞으로 15년 이상 쇳물을 생산할 수 있게 됐다."라고 추가 설명을 붙였다.

'29회'에 걸친 포스코의 오랜 노하우를 플랜텍에 전수하고 개수 사업을 총지휘한 인물은 현 포스코플랜텍 합리화사업추진반의 조모 상무(전문 임원). 플랜텍으로서는 한 번도 경험해 보지 못했던 이 사업을 그가 맡아서 해낼 수 있었던 것은 포스코에서 27년간 잔뼈가 굵은 설비 전문가였기 때문이다.

"2015년 1월에 플랜텍으로 왔어요. 플랜텍에 2,900억 원을 증자할 때, 포스코 경영진에서는 '돈만 보내서는 안 된다'는 생각들이 많았어요. 그리고 플랜텍이 안정적으로 경영을 할 수 있도록 사업을 주자는 결정이 내려졌어요. 그것도 자잘한 것 몇 개보다는 큰 놈으로 하나 주자 그렇게 된 거죠. 그때 선택된 것이 2017년에 시작할 포항 3고로 개수 작업이었어요. 그리고 플랜텍이 미리 준비를 할 수 있도록 저를 보낸 거죠."

사실 조 상무는 포스코에 있을 당시 제3고로 개수작업을 플랜텍에 맡기는 것을 심하게 반대했다고 한다. 기술과 역량이 현저히 떨어지는 데다 재무상태가 불안했기 때문에 포스코 본사 리스크가 너무 크다고 본 것이다. 그러다 플랜텍에 와서 사업을 맡게 되었을 때는 자신과 똑같은 논리로 반대를 하는 포스코의 동료들을 설득해야 했으니 참 아이러니한 일이 아닐 수 없다.

조 상무는 포스코의 옛 동료들을 설득하는 한편 플랜텍이 실제로 고로 개수작업을 수행할 수 있도록 하나씩 준비를 갖춰나가기 시작했다. 2015년에 접어들면서 플랜텍의 상황이 더욱 악화되고 워크아웃이 가시화될 무렵 포스코에서 '특공대'가 투입되었다. 그리고 함께 힘을 합쳐 고로 개수작업을 수주할 수 있었다. 2015년 말이었다.

"반대하던 분들이 제 뜻을 그냥 인정해 준 것은 아닐 거예요. 계약에 들어가기 전까지 1년 정도 플랜텍이 준비가 됐다는 걸 보여주었던 게 큰 역할을 했던 게 아닌가 싶어요."

조 상무에 대한 기대와 믿음은 확실했다. 특히 조청명 사장은 고로 개수작업에 있어서는 거의 전권을 위임했을 정도로 절대적인 신뢰를 보여주었다. 그만큼 플랜텍으로서는 중요한 사업이었고, 조 상무만한 적임자가 없었던 것이다.

고로는 얼마나, 어떻게 썼느냐에 따라 다르지만 대체로 15년 정도 주기로 개보수 작업을 하게 된다.

사실 고로의 구조는 생각보다 간단하다. 바깥에 고로를 지탱하는 네 개의 스탠드가 있고, 그 안에 내화벽돌로 채워진 둥그런 빈 통이 하나 있는 모양이다. 위쪽에서 아래로 내려오면서 부피가 커지는 점을 고려해서 아래가 넓고 위가 좁다. 그러다 다시 철의 환원에 따른 부피 감소를 고려해서 아래가 좁아지게 된다. 고로 개수 작업은 쉽게 말해서 바로 이 내화벽돌을 바꾸는 일이다. 그런데 그 일이 생각보다 쉽지 않다. 조 상무의 이야기다.

"포스코에서는 고로 개수를 할 때마다 용적을 키우는 경향이 있습니다. 방법은 여러 가지죠. 고로를 하나 더 붙일 수도 있고, 내부 용량 자체를 크게 만들 수도 있고… 어쨌든 내용적이 커지니까 덩달아 부대시설도 다 바꿔야 합니다. 그러니까 보통 일이 아니죠. 시스템 전체를 다 바꾸는 거니까."

포스코는 포항에 4개, 광양에 5개, 인도네시아와 브라질에 각각 1개씩 총 11개의 고로를 가지고 있다. 한꺼번에 개수공사를 진행하면 생산량이 갑자기 떨어지므로 대부분 돌아가면서 하게 된다. 따라서 내구연한을 15년으로 보면 거의 1년이나 2년에 한 번씩은 개보수에 들어가게 된다는 얘기다. 사업 규모가 대체로 4,000억 원이 넘으니까 이를 1년 단위로 환산할 경우 적어도 2,500억 원 정도의 매출을 올릴 수 있다는 얘기다. 포스코에서 플랜텍에 일을 맡길 때부터 바탕에 깔린 계산이다. 그야말로 생선을 주면서 생선을 잡는 법까지 함께 익힐 수 있도록 해준 셈이다.

공사는 보통 2단계로 진행된다. 우선 부대시설들을 먼저 정리한 다음 본격적인 고로 개수 또는 교체 작업을 하는 것이다. 앞서 신문에서 밝힌 102일은 본격적인 작업 시간만을 계산했을 때의 수치다.

하지만 조 상무가 아무리 뛰어난 전문가라 해도 고로 개수에 대한 노하우가 전혀 없는 플랜텍 직원들과 함께 단시간에 임무를 완수하기는 쉽지 않은 일. 실제 작업에 돌입하기까지 1년여의 예비 시간이 주어졌고, 만만치 않은 일이었다.

"운이 좋았어요. 사장님의 배려로 전권을 위임받아서 속도감 있게 일을 처리할 수 있었던 게 우선 다행이라 할 수 있어요. 그 다음은 바로 직전에 광양에서 포스코건설이 진행했던 비슷한 규모의 고로 개수 작업을 참조할 수 있었던 겁니다. 서류나 자료가 아니라 생생한 현장 작업을 보면서 확실하게 준비를 할 수 있었죠. 함께 일할 직원들도 많은 것을 배울 수 있었고요."

물론 작업은 쉽지 않았다. 실제 공사를 시작하기 전부터 포스코건설 담당자나 기술진과 마찰도 있었다. 실제 공사 과정에서도 포스코와 갈등이 적지 않았다. 부실시공을 할 경우 포스코도 큰 영향을 받게 되니까 일일이 체크를 하려고 했던 것이다. 심지어 계약 조항까지 체크할 정도였다. 따지고 보면 그 모든 것이 플랜텍에서 과연 이 일을 해낼 수 있을까 하는 의구심 때문이었다.

"그런 점에서 경영자와 기술자의 차이가 있는 것 같아요. 경영자는 이런 저런 상황들부터 따지지만 기술자는 어떠한 환경에서도 미션이 주어지면 일을 하거든요. 저는 그때나 지금이나 워크아웃을 하루라도 빨리 졸업하기 위해서는 이 일을 해야 한다는 생각밖에 없어요."

워크아웃에 들어가기 전에 일찌감치 포스코에서 준비했던 '생선 잡는 법'은 이제 1차 작업이 끝나고 2차 작업을 준비하고 있다. 물론 아직은 다음 고로 개수 작업을 플랜텍에서 맡게 된다는 보장은 없다. 하지만 어려운 과정을 겪으면서 성공적으로 임무를 완수했고, 포스코도 그 사실을 잘 알고 있다. 이제는 진인사대천명(盡人事待天命), 아니 진인사대포스코명(盡人事待POSCO命)의 시간이다. 10년 후의 청사진은 일단 포스코의 결정에 맡겨졌다.

우리 이대로 괜찮은 건가요?

계획 없는 목표는 한낱 꿈에 불과하다
- 생텍쥐페리

    2010년 11월, G20 서울 정상회의가 끝난 뒤의 일이다. 버락 오바마 미국 대통령은 폐막 연설을 마친 다음 개최국이었던 한국에 감사를 표하고, 특별히 한국 기자들에게 우선 질문할 기회를 주었다. 상당히 파격적인 배려였다. 하지만 안타깝게도 손을 든 한국 기자는 한 사람도 없었고 폐막식장은 적막으로 가득 찼다. 아무도 예상하지 못했던 상황에서 당황한 오바마 대통령의 얼굴은 전 세계에 생중계되었다. 그리고 '질문할 줄 모르는 한국 기자'란 오명이 오랫동안 전 세계 언론인들의 머릿속에 새겨지고 말았다.
    최근 sns를 달구고 있는 '기레기' 얘기를 하자는 게 아니다. 사법고시만큼 치열하다는 언론고시를 패스하고, 그중에서도 단 몇 퍼센트만이 선택되는 G20 취재기자들조차 보도자료나 사전 질문지가 없으면 아무 말도 하지 못했던 바탕에는 '질문하는 법'을 가르쳐주지 않는 우리나라의 잘못된 교육이 자리 잡고 있다.
    다행히 요즘 어린이들은 질문을 잘해야 좋은 답을 얻을 수 있다는 것을 조금씩 배우고 있는 모양이다. 질문 속에 답이 있고, 좋은 질문이 좋은 답을 이끌어낸다. 내가 절실하면 질문이 절실해지고, 질문이 절실해지면 답도 그만큼 절실하게 나온다.

2017년 9월의 어느 날 열린 포스코플랜텍의 직원 간담회가 바로 그런 것을 확인할 수 있는 자리였다.

여름의 열기가 채 가시지 않았던 그날, 포스코플랜텍은 워크아웃 탈출을 위해 숨가쁘게 달려오던 걸음을 잠시 멈추고 직원 간담회를 열었다. 그간 진행되어 왔던 여러 가지 일에 대한 솔직한 의견을 듣고, 궁금증을 풀어주기 위한 자리였다. 직원들의 속내를 확인하고 한 단계 더 나아가기 위한 '일단 멈춤'의 의미도 컸다.

그날 오고갔던 수많은 이야기 가운데 직원들이 가장 궁금하게 여겼던 부분들을 몇 가지 추려서 QnA 형식으로 정리해본다. 질문의 공통 키워드는 '우리 이대로 괜찮은가요?'라고 할 수 있다.

Q1.
2017년 들어서 수주 물량이 지속적으로 감소하고 있습니다. 향후 수주계획은 어떻게 되는지, 어떤 대책을 세우고 있는지 궁금합니다.

A1.
2017년 5월까지 우리 플랜텍의 수주 달성률은 목표액 대비 약 34%입니다. 말씀하신 대로 2016년에도 약 39.4%였으니 지속적으로 감소했다고 볼 수도 있습니다. 또 포스코의 그룹사간 하도급 금지로 이미 수주했던 물량을 취소하는 바람에 올해 합리화 사업 목표 달성이 불투명합니다. 하지만 정비성 사업은 목표 대비 초과달성이 전망되고, 액수가 큰 대형 프로젝트가 연말에 몰려 있기 때문에 총력적인 영업활동을 펼친다면 목표 달성이 크게 어렵지 않을 것으로 생각됩니다.

대형 프로젝트가 줄지어 있고, 베트남 남딘 CHS와 포항 LNG 발전소 신설공사 등의 대형 사업에 대해서도 수주 활동을 하고 있습니다. 현재 수주 활동 중인 대형 프로젝트와 해외 프로젝트를 수행하기 위한 역량 향상도 함께 진행해 나갈 것입니다.

Q2.
공정거래위원회에서 '계열사 일감 몰아주기' 단속을 강화하고 있는데, 우리 회사에는 영향이 없는가요?

A2
말씀해주신 대로 현재 공정거래위원회에서는 재벌개혁 및 중소기업 보호를 위해 대기업의 불공정 거래에 대한 규제를 강화하고 있습니다. 특히 계열사와의 부당 내부거래와 국내외 담합을 금지하고, 불공정 거래행위가 확인될 경우 미국과 같은 '징벌적 손해배상'을 물도록 하겠다고 합니다.

공정거래법상 부당한 지원행위란 대체로 다음과 같은 것을 말합니다.

△ 일감 몰아주기-합리적 절차를 거치지 않고 계열사와 상당한 규모의 거래를 하는 행위.

△ 통행세-비 계열사인 사업자와 직접거래를 하면 상당히 유리함에도 불구하고 역할이 없거나 미미한 계열사를 거래단계에 추가하는 행위.

△ 가격지원-계열사와 같은 특수관계인에게 상당히 유리한 조건으로 거래를 하는

행위.

현재 포스코는 이와 같은 정부의 중소기업 보호정책에 부응하기 위해 소규모 발주에도 경쟁입찰제를 점차 확대하고 있습니다. 즉 플랜텍과 같은 계열사도 규정대로 입찰 과정을 거치지 않으면 무작정 일감을 수주하기 어렵다는 이야기입니다.

하지만 플랜텍의 LOC 수주는 정부의 규제 방침에서 크게 벗어나지 않습니다.

우선 LOC 물량 지원은 시장에서의 정상가격으로 거래하고 있으므로 부당한 지원행위로 보기 어렵습니다. 또한 플랜텍은 포철의 제철설비 관련 전문 기업이기 때문에 우리에게 일감을 주는 것은 결과적으로 관련 노하우가 전혀 없는 회사에 맡기는 것에 비해 원가 절감 및 공기 단축에 상당한 기여를 하게 됩니다. 따라서 정당한 계약이라 할 수 있습니다.

혹시나 우리 회사가 불공정거래를 함으로써 법에 저촉되거나 비도덕적인 물량 수주를 하고 있지 않은지 걱정하는 마음 충분히 이해합니다. 하지만 우리가 고객인 포스코에게 보다 높은 가치를 제공할 수 있다면 걱정할 필요가 없다고 생각합니다. 우리의 역량을 향상시켜 고객에게 보다 나은 가치를 제공할 수 있도록 맡은 바 업무에 최선을 다해주시기 바랍니다.

Q3.

많은 직원들이 가장 궁금해 하는 부분인데요, 주식 재상장은 가능할까요? 가능하다면, 재상장을 하기 위한 조건은 무엇인가요?

A3.

2015년 9월 워크아웃이 개시된 이후 우리는 혹독한 사업 및 인력 구조조정으로 부실사업을 정리하고 인건비 등의 지출 요소를 대폭 줄였습니다. 이와 더불어 경영상

불확실성을 대부분 제거하였고, 합병 이래 처음으로 영업이익을 달성하는 등 경영 정상화의 기반을 마련하였습니다. 따라서 이 상태를 계속 유지해 나가면서 자본잠식 해소를 위해 대주주와 채권단의 지원이 이루어진다면, 재상장이 충분히 가능할 것이라 생각됩니다.

상장이 폐지된 보통주권은 유가증권시장의 '상장 규정'에서 정하는 외적 요건 및 질적 요건에 대한 거래소의 재상장 심사를 통과할 경우 상장폐지일로부터 5년 이내에 재상장이 가능합니다.

재상장 심사 기준은 자기자본 300억 원 이상, 최근년도 이익액 30억 원 이상 등의 요건을 반드시 충족하여야 하며, 회계·법률·증권 등 분야별 외부전문가로 구성된 '거래소 상장심의위원회'의 재상장 심사를 통과해야 합니다. 거의 처음 상장할 때와 비슷할 정도로 엄격한 셈입니다.

이런 기준으로 볼 때 우리 회사가 재상장을 하기 위해서는 가장 먼저 현재의 자본잠식 상태를 해소해야 합니다. 이를 위해 꼭 필요한 것이 앞에서 말씀드린 채권단과 대주주의 지원을 이끌어내는 노력입니다.

Q4.
사장님은 늘 우리가 빠른 시간 내에 워크아웃을 졸업할 수 있을 거라고 강조하시는데, 정말 가능할까요? 가능하다면 시기는 언제쯤인가요?

A4.
조기 졸업은 아직 속단할 수 없지만 졸업은 당연합니다. 졸업 시기는 약정에 따라 2019년입니다. 이 시기에는 당연히 자본 확충도 함께 이뤄질 것으로 봅니다. 하지만 워크아웃을 졸업하기 위해서는 몇 가지 요건이 필요합니다. 필수요건은 '경영목표

2년 이상 연속 달성'과 '재무구조의 현저한 개선'입니다. 이 두 가지 중 하나라도 갖추지 못할 경우 졸업은 취소됩니다.

'재무구조의 현저한 개선'이란 한마디로 자본잠식이 해소되어 자력으로 외부 자금의 조달이 가능한 상태를 말합니다.

그리고 기타 선택항목이 다음과 같은 5가지가 있는데, 이 가운데 두 개를 완수해야 졸업을 할 수 있습니다.

1) 2년 연속 당기순이익 실현
2) 사업구조조정 완료 또는 경영실패 요소 해소
3) 워크아웃 졸업 후 잔여채무 상환일정 제시
4) 워크아웃 기간 중에 부채 비율이 200% 이하일 것
5) 경영정상화 계획기간 2분의 1 이내에 자구계획 50% 이상 달성

우리가 '경영정상화 추진과제'를 내걸고 총력을 기울이고 있는 이유도 바로 위에서 말한 요건들을 빠르게 충족시키기 위해서입니다.

경영정상화 추진 과제

① LOC 물량 확보

② 재무구조 개선

③ 수익성 향상

④ 엔지니어링 역량 확보 및 신사업 발굴

⑤ 유동성 확보

⑥ 기업문화 혁신

Q5.
직원들의 업무 효율 촉진을 위해 프로젝트가 성공할 때 일정한 보상을 해주는 '프로젝트 성과보상제'를 실시하겠다는 이야기가 나온 지 꽤 됐습니다. 언제부터 시행 예정인지, 보상 조건은 어떻게 되는지 궁금합니다.

A5.
직원들의 입장에서 당연히 궁금하실 만한 일이라 생각됩니다. 회사에서도 빠른 시간 내에 시작이 될 수 있도록 최선을 다하고 있습니다.

2017년 2월부터 '성과보상 TF'를 구성하여 내부보고 및 직원대의기구 협의를 통해 시행안을 만들었습니다. 시행 예정은 2018년 1월입니다. 다만 이 제도는 채권단과 협의를 해야 하는 사안이라 현재 협의 진행 중입니다.

프로젝트 성과보상제 운영기준(안)에 따르면 연 1회씩 준공이 완료된 프로젝트 중 영업이익 개선율 및 성과보상 기준을 초과하는 건에 대해 프로젝트에 직접 참여한 직원과 나머지 전 직원에게 일정 비율의 보상금을 배분해줄 예정입니다. 보상금액 산정기준(정률/정액 기준 적용)에 대해 자금관리단 및 주채권은행과 협의 중입니다.

'성과 보상제 운영 기준(안)'의 내용을 정리하면 대략 다음과 같습니다.

△ 평가시기: 연 1회, 전년도 실적에 대해 매해 1월에 평가해서 경영목표 당기순이익 초과 시 성과 보상 실시.

△ 평가대상: 준공보고 완료 프로젝트 중 영업이익 개선율 및 프로젝트 성과보상금액 기준을 초과하는 프로젝트.

△ 평가기준 : 영업이익 개선율 = 준공실적 영업이익률 - 실행기본품의 영업이익률
성과보상 금액 = 성과보상금액 산출 결과 1천만 원 이상인 프로젝트

Q6.

현재는 포스코 LOC가 우리 회사 수주 물량의 거의 전부를 차지하고 있습니다. 매출 확대를 위해 대외사업 또는 신사업을 진행할 계획은 없는가요? 혹시 이미 준비하고 있다면 사업 아이템은 무엇인가요?

A6.

지금 당장은 경영정상화 약정 때문에 포스코 LOC 등 한정된 물량만 수주하고 있지만, 워크아웃 이후의 지속적 성장을 위해 신사업 개발 및 대외사업 진출 기반을 확보하기 위해 노력하고 있습니다. 현재 구상하고 있는 대략의 로드맵은 아래와 같습니다.

2016~2017년: 신사업 아이템 발굴 및 핵심 기술력 개발로 신사업 진출 기반 확보

- 신사업 포트폴리오 확정, 엔지니어링 자력개발(AFC)
- 대·내외 사업 협력기반 구축(전기 집진기 등)

2018~2019년: 그룹 내 신사업 매출기반 및 대외사업 진출을 위한 트랙 레코드 (Track Record) 확보

- AFC, 전기 집진기 등 핵심사업 중점 개발
- 워크아웃 졸업 이후 대외 신규시장 진입을 위한 사전 영업망 구축 및 대외 기관 설비 공급사 등록

2020년 이후: 그룹 내 실적을 기반으로 대외사업 진출

이와 더불어 AFC, 전기집진기 등 다양한 사업 아이템을 검토 중이며, 일단 그룹 내에서 초도 실적을 확보하고 이를 바탕으로 향후 워크아웃 졸업 이후 발전소 등 대외

사업에 참여할 예정입니다.

- AFC(공기부상 컨베이어): 제철소 내 AFC 실적 확보를 통해 워크아웃 이후 발전소 AFC 사업 참여 추진
- 전기집진기: 기술 선진사와 MOU 체결로 시장 진입 기반을 확보하고, 이를 바탕으로 제철소 내 사업에 참여할 예정입니다. 아울러 2019년 이후에는 발전소 EP 사업에도 참여할 예정입니다.
- 위험개소 자동화 로봇: 제철소의 스마트 팩토리(Smart Factory) 실현을 위해 포스코와 공동과제로 위험개소에 대한 자동화 로봇 적용사업을 개발 중입니다.

속단은 금물입니다. 하지만 이미 우리는 워크아웃 졸업 이후의 미래를 준비하고 있으며, 곧 하나씩 그 성과가 나타날 것입니다. 함께 희망찬 미래를 준비해 나갑시다.

Q7.
워크아웃 개시 이후 직무 관련 교육을 많이 받았습니다. 앞으로도 직무 관련 교육을 계속 진행할 예정인지, 혹은 더 확대할 계획인지 궁금합니다. 아울러 2018년의 교육 계획에 대해 알고 싶습니다.

A7.
우리는 워크아웃 이후의 미래를 만들어나가기 위해 무엇보다 직무능력 향상이 필요합니다. 이 때문에 그 어떤 회사보다 많은 시간을 직무교육에 투자해 왔습니다. 잘 아시다시피 직무교육 프로그램은 EPC 아카데미와 설계, 실행 등 크게 세 분야로 운영하고 있습니다.

이 가운데 EPC 아카데미는 내년부터 상시교육을 할 수 있도록 검토 중입니다. 설계 분야는 현재 운영 중인 교육의 이수 여부에 따라 투 트랙으로 커리큘럼을 설계해 나갈 방침입니다. 투 트랙이란 올해 교육 수료자와 미 수료자를 구분해서 운영하는 업그레이드 프로그램을 말합니다. 이와 함께 실행 분야는 올해 PM역량 향상교육을 통해 PM 예비후보 50명을 양성하고, 내년에는 이 인원에 대한 심화 학습을 통해 최종 20명의 PM 후보군을 육성할 계획입니다.

내년도 교육 계획을 조금 더 상세히 정리하면 아래와 같습니다.

EPC 아카데미: EPC 아카데미의 상시화 검토 중.

설계 프로그램
- 핵심 설비별 전문가 양성 과정. 대상은 단위설비 전문가 양성과정 수료자.
- 3D 전문 설계 프로그램. 대상은 3D 설계역량 향상 과정 수료자.

실행 프로그램
- PM 예비후보자 2차 양성과정. 대상은 1차 수료자 50명이며 최종 20명 선발 목표.
- 공정관리 프로그램 활용과정. 대상은 PM(SM)/PL(SL) 및 공정관리직이며 목표는 공정관리 툴 업무 활용.

기본 업무에 직무교육까지 받느라 힘드시겠지만, 개인의 역량 계발과 발전, 회사의 미래를 위한 일이니 다 함께 열과 성을 다해 임해주시기 바랍니다.

함께 가자 우리 이 길을

오늘은 고통스럽다. 내일은 더 고통스러울 것이다.
그러나 모레는 아름다울 것이다.
- 마윈

새 대통령이 들어서면서 '상생'이 주요 화두로 떠오르고 있다. 갑과 을, 노와 사, 너와 내가 더불어 잘 살자는 것이 상생이다.

상생은 따지고 보면 아프리카가 원조다. '우분투' 이야기다.

아프리카 부족의 문화를 연구하던 한 인류학자가 어느 날 아이들에게 달리기 시합을 시켰다.

그리고 "1등으로 들어오는 아이에게 멋진 선물을 주겠어." 하고 약속했다. 1등 상품은 아프리카 아이들이 너무나 먹고 싶어 하는 서양과자가 가득 들어 있는 바구니였다. 하지만 아이들은 아무도 1등을 하기 위해 기를 쓰고 달리지 않았다. 그 대신 모두 손을 잡고 한 줄로 나란히 달려서 함께 골인 지점까지 들어왔다. 결국 공동 1등을 한 아이들은 상품인 과자를 모두 함께 나누어 먹었다.

궁금해진 학자가 "1등을 하면 그 맛있는 걸 혼자 먹을 수 있을 텐데 왜 열심히 달리지 않았니?" 하고 물었다. 그랬더니 아이들은 한목소리로 이렇게 외쳤다.

"우분투(UBUNTU)!"

우분투란 '네가 있기에 내가 있고, 우리가 있기에 내가 있다'는 뜻을 가진 아프리카 반투어다. 노벨평화상을 수상한 남아프리카공화국 넬슨 만델라 전 대통령 덕분에 세계적으로 널리 알려진 개념이기도 하다. 결국 아이들이 하고자 했던 이야기는 이런 거다.

"1등을 해서 혼자 과자를 먹으면 다른 친구들이 슬퍼할 텐데, 어떻게 나 혼자 행복할 수 있겠어요?"

2019년 워크아웃을 졸업할 때까지 2년 남짓의 기간이 남아 있는 플랜텍의 입장에서 보면 채권단이나 대주주들이 꼭 되새겼으면 하는 것이 바로 우분투 정신이다. 혼자 1등 하려고 하지 말고 다 같이 손잡고 달려서 맛있는 과자 바구니를 나눠서 먹자는 것이다.

여러 차례 살펴본 대로 플랜텍은 워크아웃이 개시될 당시 약속했던 사항들을 하나씩 현실화시켜 나가고 있다. 각종 경영 수치가 호전되고 있고 미래 전망도 밝다. 직원들의 역량도 쑥쑥 성장하면서 '포항 3고로 개수'와 같은 어려운 프로젝트도 완수했다. 이제 어떤 미션이 주어져도 해낼 수 있다는 스스로의 믿음과 외부의 신뢰가 함께 가고 있다. 굳이 청산가치와 계속기업가치 어쩌고 하면서 수치로 들이대지 않아도 회사를 팔아서 얻을 수 있는 이익보다는 그냥 살려서 함께 가는 것이 여러모로 유리하다는 것이 확인되고 있다.

하지만 플랜텍의 역할은 거기까지다. 포스코의 LOC 물량이 2017년 이후에도 계속 주어지고, 플랜텍의 역량 강화와 함께 기타 수주 작업이 원활하게 이루어진다고 해도 '완전자본잠식' 상태를 해소하기에는 역부족이기 때문이다.

플랜텍이 대주주인 포스코 본사와 채권단에 요청하는 것은 크게 두 가지다.

첫째는 이자율 인하다. 2017년 7월 말 기준으로 볼 때 플랜텍의 총 차입금 규모는 4,489억 원이고, 부채에 대한 평균 금리는 3.86%다. 이에 따라 매년 플랜텍이 지불해야 하는 이자비용만 연 173억 원. 이 정도면 매년 영업이익 전액을 이자 갚는 데 써도 부족하다는 얘기다.

이런 상황을 타개하기 위해 현재 플랜텍은 단기·장기 부채에 대한 금리를 일괄적으로 1.8%로 낮춰 달라고 요청하고 있는 중이다. 1.8%는 현재 포스코 본사의 장기 조달 자금에 대한 금리다. 이렇게 될 경우 연간 85억 원가량의 이자 비용을 절감할 수 있다. 만일 울산공장 매각으로 부채 일부를 정산한다면 13억 원가량을 더 절감하는 효과가 발생하면서 플랜텍도 이자뿐 아니라 원금까지 조금씩이나마 갚을 수 있는 여력이 생긴다.

하지만 이것만으로는 부족하다. 이자율 인하로 발생한 추가 여력으로 이자와 원금을 함께 갚아나간다 해도 수천억 원의 차입금을 모두 해결하려면 수십 년이 걸릴 일이기 때문이다. 플랜텍은 물론 대주주인 포스코와 채권단도 피하고 싶은 일일 것이다.

이 때문에 플랜텍은 이자율 인하와 함께 포스코에게는 추가 증자를, 채권단에게는 채무액을 투자액으로 전환하는 이른바 출자전환을 요청하고 있다. 이렇게 해서 자본잠식을 벗어나 재상장까지 하게 되면 포스코와 채권단이 모두 플랜텍의 주주로서 채무 이자를 훨씬 상회하는 이익을 함께 누릴 수 있다는 것이다.

시나리오는 크게 세 가지 방향으로 나눠진다.

첫째는 대주주와 채권단의 출자전환으로 채무액 전액을 유상증자하는 방식이다. 두 번째는 자본잠식 부분만큼의 증자와 출자전환 후 감자 방식이다. 세 번째는 차등 감자 후 증자 및 출자 전환하는 방식이다. 첫 번째 방식은 출자금액이 너무 크기 때문에 대주주나 채권단 모두 부담을 가질 수 있다. 그리고 세 번째 방식은 포스코의 증자 부담이 커서 역시 현실화하기가 쉽지 않다. 이 때문에 플랜텍이 생각하는 적절한 시나리오는 두 번째 방식이다.

이 경우 포스코는 약 300억 원 정도, 채권단은 1,500억 원 정도만 출자전환하면 되기 때문에 부담이 한결 적어진다. 포스코는 지금의 대주주 지위를 계속 유지할 수 있고, 채권단 역시 제2의 대주주 지위를 획득할 수 있으니, 모두가 만족할 만한 시나리오가 아닌가 싶다. 또한 플랜텍은 자본잠식을 벗어나 재상장이 가능하게 되고, 이로써 자본 확충과 신인도 상승으로 신규 사업 진출 등 경영도 활기를 띠게 될 것으로 전망된다.

포스코는 패밀리사의 경영 위기를 슬기롭게 타개함으로써 금융권의 신뢰도를 제고할 수 있게 되고, 대외적 브랜드 가치 상승으로 영업에도 상당한 플러스 요인으로 작용할 것이다. 채권단 역시 플랜텍의 경영 정상화와 영업 활성화로 이자 소득을 훨씬 상회하는 배당 소득을 올림과 동시에 대주주 지위까지 확보하게 되니 결코 손해를 보는 장사가 아닐 것이다.

    물론 외부에서 보는 시각으로는 알 수 없는 복잡한 내부 사정이 있을 것이다. 하지만 분명한 것은 플랜텍이 살아나고 있고, 포스코가 지금처럼 지원을 해준다면 미래는 밝다는 것이다. 그리고 플랜텍 역시 내부적으로 할 수 있는 최선의 노력을 경주하고 있다. 이제 남은 것은 포스코와 채권단의 결단이다. 워크아웃 졸업까지는 채 2년도 남지 않은 시기, 과연 이 기간 안에 '네가 있기에 내가 있고, 우리가 있기에 내가 있다'는 '우분투의 지혜'가 구현될 수 있을까?

에필로그
———

플랜텍의 욕심 혹은 꿈

에필로그 플랜텍의 욕심 혹은 꿈

에필로그 플랜텍의 욕심 혹은 꿈

승자는 넘어지면 일어나 앞을 보고, 패자는 넘어지면 뒤를 본다.
- 시드니 J. 해리스

플랜텍의 욕심 혹은 꿈

2017년 11월 15일 2시 반경, 휴대폰이 울렸다. 기상청이 발송한 '긴급 재난 문자'였다.

"11-15 14:32 경북 포항시 북구 북쪽 6km 지역 규모 5.5 지진 발생/여진 등 안전에 주의 바랍니다."

급히 뉴스를 찾아보니 2016년 경주 지진에 버금가는 대지진으로 포항시 지역이 아수라장이 되었다는 소식으로 온통 도배가 되고 있었다. 안타깝고 급한 마음에 플랜텍으로 전화를 걸었다.

"다행히 우리 회사는 지진 지역에서 떨어져 있어서 괜찮습니다. 하지만 일부 직원들의 집은 피해를 좀 입은 모양입니다. 북구 지역은 그야말로 난리가 났고요. 우리는 괜찮지만 포항 지역 경제는 타격이 제법 클 것 같습니다."

그의 말대로 포항 북구 지역은 상당한 피해를 입었고, 수많은 시민들이 체육관 등에서 이재민 생활을 해야 했다. 그리고 2018년 설날을 코앞에 둔 2월 11일, 진도 4.6의 여진 발생으로 포항은 또 한 번 흔들렸다. 단 1년 사이에 진도 2.0 이상의 여진만 97회. 2018년 2월 현재 포항 지역은 언제 벗어나게 될지 모를 '위기' 속에 빠져 있다.

포항 지진으로 피해를 입은 수많은 이재민들과 무너져 내린 건물의 잔해를 화면으로 보면서 잠시 3년 전 포스코플랜텍의 모습이 오버랩 되었다.

선제적인 인력 감축과 자구 노력에도 불구하고 어쩔 수 없이 받아들여야 했던 워크아웃. 그리고 절반 이상의 직원을 떠나보내고 마른 수건을 쥐어짜듯 아끼고 또 아끼면서 큰소리 한번 내지 못한 채 숨죽여 지냈던 시간들…

하지만 지혜의 왕 솔로몬이 일찍이 '이 또한 지나가리라' 하고 일러주었듯이 어떤 고난도 영원한 것은 없다. 다만 고난을 어떻게 겪어내느냐에 따라 그 이후의 삶이 달라질 뿐.

2017년 여름, 처음 취재를 시작할 때 만난 플랜텍 직원들의 모습은 '반반'이었다. 새로운 경영진이 약속했던 대로 워크아웃 조기졸업에 대한 기대가 그어느 때보다 컸지만, 지난 몇 년 동안 경험했던 '실패'의 트라우마가 드리운 그늘도 여전했다. 희망을 얘기하면서도 마음 한쪽 구석에는 불안이라는 놈을

함께 안고 있었다.

차근차근 피해를 복구하고 있지만 수시로 닥쳐오는 여진 때문에 불안한 마음을 감출 수 없는 포항 시민들의 심정이 바로 그러하리라.

하지만 2018년에 만난 플랜텍의 모습은 완연히 달랐다. 여진 때문에 지역 경제는 다소 불안정한 모습이었지만, 플랜텍의 직원들은 오히려 더 밝고 활기찬 모습이었다. 늘 무엇인가에 쫓기듯 불안하고 어두웠던 그림자가 사라지고 예전의 당당하고 희망찬 모습들이 드러나기 시작했다. 2017년의 성과를 눈으로 확인한 덕분일 것이다.

아직 정식 결산을 완전히 마친 것은 아니지만, 2017년 플랜텍의 성과는 그 어느 때보다 희망적이다.

코크스 오븐(Cokes Oven) 선작업 지시 등을 포함해서 수주는 5,000억 원대, 매출은 3,751억 원, 영업이익은 원가절감과 기손실분의 환입 등에 힘입어 411억 원, 당기순이익은 243억 원이 전망된다. 이러한 영업현금흐름 호조에 힘입어 순차입금은 전년 대비 124억 원이 감소한 2,934억 원으로 합병 이후 처음으로 2,000억 원대로 줄었다.

'위기를 극복했다'고 말하기는 어려울지 모르지만 큰 고비를 넘긴 것은 확실하다.

이를 바탕으로 보면 플랜텍에게 있어 2018년은 분명한 '기회'의 시간이 되고 있다. 하지만 기회의 뒷면이 위기라는 역설 또한 잊지 말아야 한다.

그리스의 사라쿠사 거리에는 우스꽝스럽게 생긴 동상이 하나 서 있다. 앞머리는 숱이 무성한데 뒷머리는 숱이 하나도 없는데다 발에는 날개가 달려 있다. 이 때문에 처음 동상을 본 관광객들은 저도 몰래 픽, 웃음을 흘리지만 그 밑에 있는 글귀를 보고는 모두들 깊은 생각에 잠기게 된다.

"나의 앞머리가 무성한 이유는 사람들이 나를 보았을 때 쉽게 붙잡을 수 있도록 하기 위함이고, 뒷머리가 대머리인 이유는 내가 지나간 뒤 사람들이 다시는 나를 붙잡지 못하도록 하기 위함이다. 그리고 발에 날개가 달린 이유는

사람들로부터 최대한 빨리 사라지기 위함이다. 내 이름은 바로 '기회'다."

이것이 바로 그 유명한 기회의 신 '카이로스'의 동상이다.

지난 2017년, 플랜텍은 오랜 터널을 벗어나 드디어 카이로스의 앞머리를 잡는 데 성공했다. 2018년에는 이를 놓치지 말고 끝까지 붙들고 가야 워크아웃 조기졸업과 재상장이라는 목표에 하루빨리 도달할 수 있을 것이다.

이에 따라 플랜텍은 2018년의 운영 목표를 ① 흑자경영 기반 강화 ② 엔지니어링 역량 강화 ③ 핵심가치 내재화 지속 추진 등으로 잡았다. 그리고 울산공장 매각과 자본 확충 방안 마련, 신사업 수주 등 경영과제들을 추진하여 워크아웃 졸업기반을 확보할 계획이다. 수주 목표는 2017년 수준인 3,147억 원,

매출 2,931억 원에 영업이익 127억 원, 당기순이익 6억 원이다.

지난 몇 년 동안의 성과들을 살펴보면 플랜텍의 2018년 경영 목표 달성이 그리 어려울 것 같지는 않다.

지난 2017년을 마무리하면서 플랜텍은 세 가지 경사를 동시에 맞이했다.

첫 번째는 앞에서 밝힌 대로 5년 만에 드디어 흑자로 전환(Turn-Around)되었고, 2018년 이후 경영정상화가 가시화되고 있다는 점이다.

두 번째는 여성가족부에서 주관하는 '2017년 가족친화우수기업'으로 선정되어 대통령 표창을 수상한 것이다. 이는 2017년 초부터 집중적으로 추진해 온 남성 육아휴직제와 장기근속 직원 안식휴가제, 액션(Action) 3,2,1 활동 등 '행복경영 11대 과제'의 성과를 여성가족부, 즉 정부 차원에서 인정해준 것이라 할 수 있다.

세 번째 경사는 친환경 원료이송 설비인 AFC(Air Floating Conveyor)를 플랜텍 고유모델로 자력개발하고 시연회까지 가진 것이다. 플랜텍 AFC 설비의 특징 및 장점은 고유의 형상으로 모듈화하고, 운반물 조건에 따른 벨트 클리닝 시스템을 적용하여 낙광/낙탄을 제로화한 것이다. 특히 개발과정에서 6건의 특허를 출원함으로써 독자적인 기술을 확보한 플랜텍은 이를 바탕으로 국내발전소의 AFC 사업에도 참여할 계획을 세우고 있다.

지난 2017년 연말을 맞아 조청명 사장은 사내 블로그에 올린 송년사에서 "이렇게 연이은 '쓰리고' 이벤트에서 저는 우리 회사의 과거, 현재, 미래를 엿볼 수 있었습니다. 먼저 5년 만의 흑자 전환은 우리의 아픈 과거를 정리했다는 것을 의미하며, 대통령 표창 수상은 현재 우리 회사의 상태를 나타내고, AFC 자력개발은 향후 우리가 지향하고자 하는 미래를 상징한다고 생각합니다."라고 밝히기도 했다.

명언 제조기라 불리는 미국의 저널리스트 시드니 J. 해리스는 "승자의 주머니 속에는 꿈이 들어 있으나 패자의 주머니 속에는 욕심이 들어 있다"는 멋진 말을 남겼다.

지난 2015년 5월, 플랜텍은 채권단에게 '경영정상화 사업계획서'를 제출했고, 12월에는 본격적인 워크아웃에 돌입했다. 그런데 이런 위기상황에서 구원투수로 등장한 포스코 출신의 경영진은 '워크아웃 조기졸업'은 물론 '재상장'까지 약속했다.

연이은 매출 부진과 경영 악화로 극한상황까지 몰린 직원들의 입장에서 경영진의 약속은 미래를 향한 '꿈'이 아니라 루저들을 달래기 위한 립서비스 혹은 헛된 욕심으로 비쳤다. 하지만 1년, 또 1년이 지나면서 욕심은 서서히 꿈으로 바뀌어 가고 있다.

아무리 강력한 지진의 여파가 몰아치고 있어도, 영일만의 태양은 내일도 떠오를 것이다.

영일만의 태양처럼 포항의 지역경제도, 플랜텍도 내일이면 다시 떠오를 것이다.

후기 양질전환과 비등점

0도씨의 물 1킬로그램을 99도씨까지 올리는 데 필요한 열량은 99칼로리입니다. 그런데 99도씨의 물 1킬로그램을 100도씨까지 올리는 데 필요한 열량은 계산이 조금 달라집니다. 단순히 1도씨를 올리는 데 필요한 열량은 1칼로리이지만, 100도씨의 물을 100도씨의 수증기로 변환시키는 데 필요한 열량은 539칼로리이기 때문입니다. 한마디로 99도씨의 물을 '비등점' 즉 '끓는점'까지 올리는 데 필요한 칼로리는 1+539=540칼로리입니다.

99도씨든 100도씨든 물은 똑같이 뜨겁지만 '기화'라는 과정에 이르기까지는 이와 같은 엄청난 차이가 나타납니다.

지난 몇 달 동안 플랜텍을 취재하면서 늘 머릿속에 '99도씨'가 맴돌았습니다.

2015년 9월. 워크아웃이라는 시한폭탄을 받아든 플랜텍의 분위기는 싸늘했습니다. 하지만 5년이라는 시한을 반도 넘기지 않은 지금 플랜텍의 분위기는 곧 비상이라도 할 듯이 뜨겁게 달아오르고 있습니다. 각종 수치와 자료는 물론 인터뷰에 응해준 여러 임직원의 모습에서도 그 열기가 느껴졌습니다.

물론 아직은 99도씨입니다. 조금만 더 달리면 100도씨가 되겠지만, 비등점에 오르기 위해서는 지금과는 전혀 다른 '무엇'이 필요합니다. 지금까지는 '양적'으로 채워 왔다면 이제 '질적'으로 달라져야 합니다. 이른바 '양질전환'이 필요한 시점입니다.

그리고 플랜텍은 이제 마지막 1도씨를 올리기 위해 새로운 각오를 다지고 있습니다.

이 책의 완성을 위해 플랜텍의 상처까지 숨김없이 보여준 플랜텍의 조청명 사장님과 손건재 부사장님 그리고 인터뷰에 응해주신 많은 임직원 여러분께 감사드립니다. 특히 자료의 수집과 정리를 맡아주고 인터뷰 과정까지 챙겨준 정용 부장과 곽병주 대리에게 감사드립니다.

연혁 / 수상실적

사원이 행복한 기업
포스코플랜텍

사람/일/꿈

연혁

구, 포스코플랜텍 연혁

연	월	내용
1982	4	제철정비㈜ 창립
1984	6	동양철관㈜ 포항공장 인수, 철구조물 게시
1985	9	제철정비철구공업㈜로 상호변경
1987	6	제철토건정비㈜ 합병 및 일반건설업 영업개시
1989	7	광양정비사업 별도 법인화(제철설비주식회사 주식 양도)
1991	5	제철정비㈜ 재창립(건설, 철구사업 분리/POSEC)
1993	8	㈜동양기공 합병(B.C ROLLER 및 산업기계 제작)
	12	전기, 계장정비 작업 이관(POSCON)
1994	4	포철산기㈜로 상호변경
	5	협력작업 구조조정에 따른 포항제철소 일부 협력작업 인수 (성림기업 주식인수, 삼풍공업㈜ 및 ㈜서울용접봉 수행 일부작업)
	12	환경사업 이관(POSEC)

연도	월	내용
1995	9	조명정비 협력작업 이관 [㈜성광]
	11	Roller 및 Pulley 제작부문 ISO 9002 획득
		용삭, 제강지원작업 이관 : 용삭 -> ㈜PSC,
		제강지원 -> ㈜유일
1996	11	컨베이어 시스템 ISO 9001 획득
	12	자회사 그린산업㈜ 〈구 성림산업〉 주식양도
1997	03	포철기연㈜ 합병
	04	창원사업부문 사업 개시
		[창원특수강㈜ 정비 및 조업 협력작업]
	10	포철산기 사사 15년사 발간
1998	05	구룡포 직원 수련원 준공
1999	03	포철기연㈜ 분리
2000	04	서울사무소 개소
	11	그룹웨어 "MECLINE" 가동
	12	인천국제공항 수하물처리시스템 유지정비 사업수주
2001	03	인천국제공항 BHS수행공로 산업포장(대통령) 수상
	04	POSMEC Masroll Korea 설립
	04	김해국제공항 수하물처리설비 수주
	12	인천국제공항공사로부터 최우수 업체로 선정
2003	01	KOSHA 2000(안전보건 경영시스템) 프로그램 인증
2004	03	창원사업소 창원특수강으로 영업 양도
2004	07	말레이시아 바쿤 수력발전소 수문설비 수주
		말레이시아 지사 설립
2004	11	수련원 휴게시설 및 태양광 & 풍력 복합제철설비 준공
2004	12	인천국제공항 2단계 수하물처리 설비 수주
2005	03	연료전지 실증연구 참여기업 확정
2006	08	대만 흥달화력발전소 석탄취급설비 프로젝트 수주

2008	06	국내최초 1MW급 지붕태양광제철설비 준공(포항제철소)
		인천국제공항 2단계 수하물처리시스템
		(Baggage Handling System) 공급
2010	01	㈜포스코플랜텍으로 상호변경(포철산기/포철기연 통합)
	02	종합건설업 면허취득
2012	09	신항만 가공제작공장 2단계 준공
	11	강릉마그네슘제련공장 준공
2013	01	광양제철소 열간 압연기 출하

구, 성진지오텍 연혁

1989	06	성진기계주식회사 설립
1991	05	American Society of Mechanical Engineers
		(A.S.M.E)(U.S.PP stamp) 획득
1993	08	Polyethylene Coating K.S. 마크 획득
1997	03	I.S.O.9001 Certificate 획득
1998	03	한국전력공사 강관철탑 입찰자격 등록
1998	06	A.S.M.E. U2 Stamp, SQL Certification(China) 취득
2000	01	ABB LUMMUS HIT TRANSFER와 HELIXCHANGER 기술제휴
2000	02	NOOTER ERIKSEN과 H.R.S.G 생산/공급에 관한
		양해각서(M.O.U) 체결
2000	05	I.S.O.14001 획득
2000	05	자본증자(제3자 배정 유상증자) 20억 원 제1회 사모전환사채발행 36억 원
2000	08	자본증자(제3자 배정 유상증자) 6억 원
2000	12	성진지오텍(주)로 상호변경
2001	03	주식액면분할(1주당 ₩10,000에서 ₩5,000으로)
2001	11	오천만불 수출의 탑 및 대표이사 은탑산업훈장 수상
2002	04	주식액면분할 1주당 ₩5,000에서 ₩500으로

2002	06	발전소용 철탑 의장등록(등록 제0301327호)
2003	08	대한전기협회(KEPIC) 자격인증 획득
2005	11	칠천만불 수출의 탑 수상
2006	03	미래에셋 자본유치(412억 원)
2006	09	대한민국 품질경영대상 품질경영부문 최우수상 수상
2006	11	일억불 수출의 탑 수상 및
		대표이사 금탑산업훈장 수훈
2007	11	KOSPI 상장 및 이억불 수출의 탑 수상
2008	02	우선주의 보통주 전환 2,000,000주
2008	12	삼억불 수출의 탑 수상
2009	11	사억불 수출의 탑 수상
2010	06	포스코기업집단 편입
2011	06	우선주의 보통주 전환 6,979,927주
2012	01	삼성엔지니어링(주) 제3자 배정방식 유상증자 521만 주

합병후(포스코플랜텍) 연혁

2013	07	(주)포스코플랜텍과 합병 (변경사명 : (주)포스코플랜텍)
2013	11	인천국제공항 3단계 수하물처리시설사업 수주
2014	03	자본증자(주주우선공모 유상증자) 718억 원
2014	03	포스코패밀리 '품질경영 도약상' 수상
2014	12	자본증자(제3자 배정 유상증자) 2,900억 원
2015	04	Alstom사와 복합화력발전소 핵심설비 공급협약 체결
2015	09	경영정상화계획 이행을 위한 약정(MOU) 체결
		(워크아웃 절차 개시)
2016	04	유가증권시장(KOSPI) 상장폐지

사원이 행복한 기업
포스코플랜텍

사람/일/꿈

수상실적

구, 성진지오텍 수상실적

2003	프로젝트 인도상(SANHA ONDENSADOS)
2004	프로젝트 인도상(ESSO)
2005	프로젝트 인도상(포스코 E&C)
2007	프로젝트 인도상(CHIYODH)
	울산 메세나운동 선도기업 지정(울산광역시)
	KOSPI 상장기념(한국증권거래소, 한국상장회사협의회)
2009	제 46회 무역의 날 4억불 수출탑(한국무역협회)
2010	프로젝트 인도상(Imperial OIL, TOTAL E&P ANGOLA)
	120만 시수 무재해 달성(TOTAL E&P ANGOLA)

구, 포스코플랜텍 수상실적

1985	대구경북 품질관리분임조 활동사례 발표대회 최우수상 수상
1986	제23회 저축의 날 저축금탑(대통령상) 수상
1987	전국기능경진대회출전 은메달 1, 동메달 1 수상
1993	제 26회 산업안전보건대회 산재예방부문(단체) 대통령 표창

2001	인천국제공항 1단계 수하물처리시스템(BHS) 수행공로 산업포장(대통령) 수상
2006	제 40회 납세자의 날 석탑산업훈장 수상
2007	제 40회 산재예방부문 국무총리 표창 수상
	인천국제공항공사 최우수 업체 선정
2008	근로자의 날 석탑산업훈장 수훈
	제 45회 무역의 날 천만불 수출의 탑 수상
	신노사문화 우수기업 선정(노동부 장관)
2013	고용노동부장관상 / 동반성장 산업포장

추천사

낡은 틀을 깨는 '망치'로
지속가능한 성장을 담보하라

이상윤
성공회대학교 경영학부 교수

이 책은 기업전략을 고민하는 CEO 등 최고 경영층뿐만 아니라 일반 직원들도 반드시 읽어 봐야 할 기업전략의 필수적인 내용들로 가득 차 있다. 기업의 성과를 지속가능하도록 만들기 위해 전략가라면 반드시 고민해 봐야 할 정치·경제·사회문화·기술·글로벌 동향 등 거시환경, 산업 및 시장경쟁상황, 지배구조, 인수합병과 해외진출, 전략적 제휴, 기업문화와 인적자본, 그리고 이 모든 것들을 아우르는 CEO의 리더십 등을 철강업계의 강자 포스코의 패밀리사 포스코플랜텍의 사례를 바탕으로 생동감 있게 기술하고 있다.

철강산업은 최근 미국 트럼프정부의 수입 철강에 대한 관세정책의 변화로 위기이자 기회인 상황을 맞이하게 되었다. 미국시장 수출이 예전보다 힘들어질 수 있지만, 한편으로는 전반적인 가격 상승이 예측되는 바, 철강 가격의 인상효과를 가져올 수 있고, 비교적 저렴하면서 품질 좋은 한국산 철강에 대한 이미지가 더 좋아질 가능성도 있다. 과연 포스코플랜텍은 이런 위기상황을 어떻게 극복할 수 있을까?

포스코그룹이 최고의 철강품질을 확보하기 위해서는 수직적 통합상에서 포스코플랜텍이 담당하고 있는 고로 제작 및 설비의 유지보수가 핵심역량이라고 볼 수 있다. 경쟁우위의 원천일 수 있는 이 핵심역량을 경쟁사들이 복제할 수 없도록 유지·관리하는 것이 지속가능한 성과 창출의 기본이다. 그러나 만약 이런 핵심역량들이 대중화되어 다른 업체들도 복제하여 모두 제공할 수 있게 된다면, 포스코플랜텍은 혁신적 활동을 통해 비용을 현격히 줄여야 되는 상황에 직면하게 될 것이다.

공기업에서 출발해 민영화된 포스코그룹은 정치권의 영향을 암암리에 받아왔음을 부인할 수 없다. 또한 특정 정권에서는 무분별한 다각화로 인해 그룹 자체가 위기에 몰렸었다. 그러나 이제는 지속가능한 성장의 가장 중요한 요인이라 할 수 있는 지배구조의 혁신이 필요하며, 또한 경영성과를 담보할 수 있는 인물들로 최고경영층을 구성해야 한다. 이 책의 주인공인 포스코플랜텍은 포스코그룹의 이러한 흑역사를 고스란히 담고 있으며, 이 책은 이에 대한 시사점을 많이 제공하고 있다.

철학자 신영복은 '공부는 망치로 하는 것'이라고 했다. 낡은 틀의 도그마를 깨기 위해선 망치를 들어야 되는 것처럼 포스코플랜텍 역시 지속가능한 성장을 담보하기 위해, 과거의 낡고 지속 불가능한 관습을 깨기 위해 또 다시 망치를 들기를 희망한다.

고난을 발판삼아
성장하는 기업

홍영표
국회 환경노동위원회 위원장

2015년 9월 워크아웃이라는 시한폭탄을 받아 든 포스코플랜텍은 절반 이상의 임직원을 떠나보내는 아픔을 겪었습니다. 포스코플랜텍의 임직원들은 그 후 회사가 통째로 무너질지도 모른다는 위기감 속에서 뼈를 깎는 노력을 다했습니다. 그 결과, 2017년 목표했던 영업이익과 순이익을 초과 달성하며 현재 워크아웃 조기졸업을 기대하고 있습니다.

「사람, 일, 꿈 - 사원이 행복한 기업 포스코플랜텍」은 포스코플랜텍의 위기 시작점부터 극복과정과 미래방향까지 총 정리한 유일무이한 책이라 해도 과언이 아닙니다.

저자는 이 책을 통해 포스코플랜텍이 위기를 극복하는 과정에서 희생한 많은 이들에게 감사와 희망의 메시지를 전달하고 있습니다. 마음 한쪽 구석에 불안한 마음을 안고 긴 여정을 함께해준 모든 분들의 노고와 고뇌에 진심으로 경의를 표합니다.

사람을 성장시키는 발판은 고난이 아니라 '다시 일어서는 것'입니다. 이 책을 읽는 독자들마다 포스코플랜텍의 희망찬 미래를 함께 그려주시길 기대합니다.

실패를 교훈 삼아
더 나은 미래로 나아가기를

이 영 탁
세계미래포럼 이사장

미래를 제대로 준비하기 위해서는 과거의 잘못을 반성하는 것이 선행되어야 한다. 동일한 실수를 반복하지 않기 위해서다.

하지만 대부분의 기업들은 그러하지 못하고 있다. 포스코플랜텍은 이 책에서 보는 것처럼 과거의 실패를 숨김없이 드러내고 이를 반면교사 삼아 더 나은 미래를 준비하고 있다.

현재 워크아웃이라는 어려운 경영상황에도 불구하고 직원의 행복이 바로 회사의 성장이라고 믿고 실천하는 그들에게 용기와 격려를 전한다. 동시에 어려움을 겪고 있는 많은 대한민국 기업들이 이 책의 사례처럼 좌절하지 않고 꿈과 희망을 키워 나아가기를 바란다.

건강한 회사의 바탕은
구성원들의 '행복'

조청명
포스코플랜텍 대표이사

자기 모습을 남에게 드러내는 것은 대체로 부끄럽다. 그래서 조금 망설이기도 했지만, 앞을 보면서 지금 정리해야 할 것들이 있고 고마움을 전해야 할 사람들이 많아서 우리의 얘기를 엮어 내자는 데 동의했다. 때론 사진이 실물보다 더 아름답게 보이는 것처럼, 작가의 필력으로 우리가 한 일들이 더 쉽고 명확하게 그려진 것 같다.

우리의 얘기는 포스코 최초로 워크아웃을 진행하면서 오백 명 이상의 많은 사람을 떠나도록 한 가슴 아픈 사례다. 이제 구조조정을 일단락하고 사업적으로 안정이 되었지만, 여전히 숙제도 많다. 과거 부실의 상흔인 자본잠식을 해결해야 하고, 누구의 도움을 받지 않아도 살아갈 수 있도록 사업역량을 키워야 한다. 이렇게 반성하고 다짐할 수 있도록 잘 정리해 준 작가에게 감사드린다.

우리 얘기가 최근 어려움을 겪고 있는 한국 기업들에게 재활의 희망을 키우는 데 조금이라도 도움이 되었으면 좋겠다. 윤석철 교수의 생존부등식 "가치>가격>원가"가 지속 가능한 기업이 되는 데 있어 당연한 진리이고, 그 밑바탕에 사람들의 '행복'이 있어야 한다고 굳게 믿고 있다. 행복한 임직원이 행복한 고객을 만들고 건강한 회사를 만든다는 믿음을 워크아웃 현장에서 구현해 보고자 애쓴 흔적을 조금이라도 느껴주신다면 큰 영광으로 여기겠다.

눈을 뚫고
다시 솟는 꿈

조근호
행복마루 법무법인 대표변호사

2017년 3월 31일 포스코플랜텍에서 조청명 사장의 요청으로 '행복경영' 강의를 한 적이 있다. 2015년 사장 부임 직전, 함께 저녁을 먹으며 위로한 기억이 새롭게 다가왔다. 과연 그가 회사를 살려낼 수 있을까. 아무리 혁신 전문가라고 해도 워크아웃이라는 현실은 냉혹하기 짝이 없다. 그러나 2년 만에 포항에서 만난 그는 들떠 있었다. 회사가 살아나고 있음을 직감할 수 있었다.

지난 시간은 고통의 순간, 번민의 나날이었다. 그러나 다시 그런 치욕을 겪지 않으려면 기록해야 한다. 떠나간 사람과 남은 사람의 울분과 눈물과 후회를.

이번에 그 기록을 책으로 담았다. 조 사장은 행복하지 않은 상황에서 '행복경영'을 외쳤다. 그 생각은 워크아웃이라는 눈을 녹이기 시작했다. 이제 그 눈을 뚫고 꿈이 다시 솟고 있다.

포항에서 강의를 마치고 올라오는 길, KTX 차창에 봄비가 내리고 산 색깔이 파릇파릇하다. 죽었던 대지가 소생하고 있는 것이다. 혁신이 무두질을 통해 외부에서 새롭게 만드는 것이라면 소생은 몸부림을 통해 안에서부터 새로워지는 것이다. 그런 의미에서 이 책은 혁신기록이 아니라 소생기이다. 죽은 것 같았던 포스코플랜텍은 새싹을 틔우고 있다. 이제 그들은 포스코플랜텍을 잎이 무성한 아름드리나무로 키워낼 것이다. 이 책은 그에 대한 다짐이기도 하다.

운명을 견디고 이겨나가는 게
삶인 것처럼…

노항래
협동조합 은빛기획 대표

포스코플랜텍 노·사가 감당하고 있는 지난 4년여 기간의 고난과 극복기를 잘 보았습니다. 남은 프로그램도 잘 견뎌서 워크아웃의 굴레를 벗고 정상 기업으로 다시 발돋움하기를 기원합니다. 또, 그렇게 해내리라고 믿습니다.

아픈 기록을 보면서 매 시기마다 경영진들의 의사결정이 갖는 무거움을 새삼 느낍니다. 직원, 가족, 한 기업의 운명이 달려 있는 일이지요. 누가, 왜 이런 고난을 불러왔는가, 그들은 마땅한 책임을 졌는가, 이렇게 묻지 않을 수 없었습니다.

주어진 위기를 감내하면서 회생의 길을 묵묵히 걸어온 포스코플랜텍 노·사에게 존경의 뜻과 함께 위로를 전합니다. 한 사람의 삶이 그러한 것처럼 한 법인도 자신의 이력과 자기 앞에 놓인 상황을 설명하고 그치는 게 아니라, 남 탓 하지 않고 스스로 감당하며 자기에게 주어진 길을 걸어서 자기 운명을 만들어 가는 것이겠지요. 그런 기록으로 읽었습니다.

다른 이들에게, 여러 기업인들에게 자기를 비추는 거울이 될 만한 책입니다. 악조건을 견디며 좋은 기업, 사원이 행복한 기업, 다시 꿈꾸는 기업을 만들어 가는 길에 큰 성취가 있기를 거듭 응원합니다.